January 18, 1999

What do I consider my most important Contributions?

- That I early on — almost sixty years ago — realized that MANAGEMENT has become the constitutive organ and function of the <u>Society of Organizations</u>;

- That MANAGEMENT is not "Business Management- though it first attained attention in business- but the governing organ of ALL institutions of Modern Society;

- That I established the study of MANAGEMENT as a DISCIPLINE in its own right;

  and

- That I focused this discipline on People and Power; on Values; Structure and Constitution; AND ABOVE ALL ON RESPONSIBILITIES- that is focused the <u>Discipline of Management</u> on Management as a truly LIBERAL ART.

Peter F. Drucker

我认为我最重要的贡献是什么？

- 早在60年前，我就认识到管理已经成为组织社会的基本器官和功能；
- 管理不仅是"企业管理"，而且是所有现代社会机构的管理器官，尽管管理一开始就将注意力放在企业上；
- 我创建了管理这门学科；
- 我围绕着人与权力、价值观、结构和方式来研究这一学科，尤其是围绕着责任。管理学科是把管理当作一门真正的综合艺术。

彼得·德鲁克
1999年1月18日

注：资料原件打印在德鲁克先生的私人信笺上，并有德鲁克先生亲笔签名，现藏于美国德鲁克档案馆。为纪念德鲁克先生，本书特收录这一珍贵资料。本资料由德鲁克管理学专家那国毅教授提供。

彼得·德鲁克和妻子多丽丝·德鲁克

德鲁克妻子多丽丝寄语中国读者

在此谨向广大的中国读者致以我诚挚的问候。本书深入介绍了德鲁克在管理领域方面的多种理念和见解。我相信他的管理思想得以在中国广泛应用,将有赖于出版及持续的教育工作,令更多人受惠于他的馈赠。

盼望本书可以激发各位对构建一个令人憧憬的美好社会的希望,并推动大家在这一过程中积极发挥领导作用,他的在天之灵定会备感欣慰。

注:本页照片和多丽丝寄语原文与亲笔签名由彼得·德鲁克管理学院提供。

已经发生的未来

[美] 彼得·德鲁克 著

汪建雄 任永坤 译

Landmarks of Tomorrow
A Report on the New "Post-Modern" World

彼得·德鲁克全集

机械工业出版社
China Machine Press

图书在版编目（CIP）数据

已经发生的未来 /（美）彼得·德鲁克（Peter F. Drucker）著；汪建雄，任永坤译 . —北京：机械工业出版社，2018.5（2019.1 重印）

（彼得·德鲁克全集）

书名原文：Landmarks of Tomorrow: A Report on the New "Post-Modern" World

ISBN 978-7-111-59780-3

I. 已… II. ①彼… ②汪… ③任… III. 管理学 IV. F272

中国版本图书馆 CIP 数据核字（2018）第 085357 号

本书版权登记号：图字 01-2015-5397

Peter F. Drucker. Landmarks of Tomorrow: A Report on the New Post Modern World.

New material this edition copyright © 1996 by Peter F. Drucker.

Chinese (Simplified Characters only) Trade Paperback Copyright © 2019 by China Machine Press.

This edition arranged with Transaction Publishers through Taylor & Francis Group, Inc.

This edition is authorized for sale in the People's Republic of China only, excluding Hong Kong, Macao SAR and Taiwan.

No part of this book may be reproduced or transmitted in any form or by any means, electronic or mechanical, including photocopying, recording or any information storage and retrieval system, without permission, in writing, from the publisher.

All rights reserved.

Copies of this book sold without a Taylor & Francis sticker on the cover are unauthorized and illegal.

本书中文简体字版由 Transaction Publishers 通过 Taylor & Francis 公司授权机械工业出版社在中华人民共和国境内（不包括香港、澳门特别行政区及台湾地区）独家出版发行。未经出版者书面许可，不得以任何方式抄袭、复制或节录本书中的任何部分。

本书贴有 Taylor & Francis 公司防伪标签，无标签者不得销售。

本书两面彩插所用资料由彼得·德鲁克管理学院和那国毅教授提供。封面中签名摘自德鲁克先生为彼得·德鲁克管理学院的题词。

已经发生的未来

出版发行：	机械工业出版社（北京市西城区百万庄大街 22 号　邮政编码：100037）			
责任编辑：	宋　燕	责任校对：	李秋荣	
印　　刷：	三河市宏图印务有限公司	版　　次：	2019 年 1 月第 1 版第 2 次印刷	
开　　本：	170mm×230mm　1/16	印　　张：	16.5	
书　　号：	ISBN 978-7-111-59780-3	定　　价：	69.00 元	

凡购本书，如有缺页、倒页、脱页，由本社发行部调换

客服热线：（010）68995261　88361066　　投稿热线：（010）88379007

购书热线：（010）68326294　88379649　68995259　　读者信箱：hzjg@hzbook.com

版权所有·侵权必究

封底无防伪标均为盗版

本书法律顾问：北京大成律师事务所　韩光 / 邹晓东

如果您喜欢彼得·德鲁克（Peter F. Drucker）或者他的书籍，那么请您尊重德鲁克。不要购买盗版图书，以及以德鲁克名义编纂的伪书。

谨以本书献给多丽丝

以表达对她的感激和爱,本书的每一页均见证了她的关注、思索和判断。

| 目　录 |

推荐序一（邵明路）

推荐序二（赵曙明）

推荐序三（珍妮·达罗克）

新版序

前言

第1章　新世界观 / 1

第2章　从进步到创新 / 15

第3章　超越集体主义和个人主义 / 58

第4章　新领域 / 105

第5章　知识型社会 / 108

第6章　向贫困宣战 / 146

第7章　绝境中的现代政府 / 174

第8章　变化中的东方 / 202

第9章　未竟之业 / 215

第10章　人类今日之境遇 / 219

译者后记 / 230

| 推荐序一 |

功能正常的社会和博雅管理

为"彼得·德鲁克全集"作序

享誉世界的"现代管理学之父"彼得·德鲁克先生自认为,虽然他因为创建了现代管理学而广为人知,但他其实是一名社会生态学者,他真正关心的是个人在社会环境中的生存状况,管理则是新出现的用来改善社会和人生的工具。他一生写了39本书,只有15本书是讲管理的,其他都是有关社群(社区)、社会和政体的,而其中写工商企业管理的只有两本书(《为成果而管理》和《创新与企业家精神》)。

德鲁克深知人性是不完美的,因此人所创造的一切事物,包括人设计的社会也不可能完美。他对社会的期待和理想并不高,那只是一个较少痛苦,还可以容忍的社会。不过,它还是要有基本的功能,为生活在其中的人提供可以正常生活和工作的条件。这些功能或条件,就好像一个生命体必须具备正常的生命特征,没有它们社会也就不成其为社会了。值得留意的是,社会并不等同于"国家",因为"国(政府)"和"家(家庭)"不可能提供一个社会全部必要的职能。在德鲁克眼里，功能正常的社会至少要由三大类机构组成：政府、企业和非营利机构，它们各自发挥不同性质的作用，每一类、每一个机构中都要有能解决问题、令机构创造出独特绩效的权力中心和决策机制，这个权力中心和决策机制同时也要让机构里的每个人各得其所，既有所担当、做出贡献，又得到生计和身份、地位。这些在过去的国家中从来没有过的权力中心和决策机制，或者说新的"政体"，就是"管理"。在这里德鲁克把企业和非营利机构中的管理体制与政府的统治体制统称为"政体"，是因为它们都掌握权力，但是，这是两种性质截然不同的权力。企业和非营利机构掌握的，是为了提供特定的产品和服务，而调配社会资源的权力，政府所拥有的，则是维护整个社会的公平、正义的裁夺和干预的权力。

在美国克莱蒙特大学附近，有一座小小的德鲁克纪念馆，走进这座用他的故居改成的纪念馆，正对客厅入口的显眼处有一段他的名言：

> 在一个由多元的组织所构成的社会中，使我们的各种组织机构负责任地、独立自治地、高绩效地运作，是自由和尊严的唯一保障。有绩效的、负责任的管理是对抗和替代极权专制的唯一选择。

当年纪念馆落成时，德鲁克研究所的同事们问自己，如果要从德鲁克的著作中找出一段精练的话，概括这位大师的毕生工作对我们这个世界的意义，会是什么？他们最终选用了这段话。

如果你了解德鲁克的生平，了解他的基本信念和价值观形成的过程，你一定会同意他们的选择。从他的第一本书《经济人的末日》到他独自完成的最后一本书《功能社会》之间，贯穿着一条抵制极权专制、捍卫个人自由和尊严的直线。这里极权的极是极端的极，不是集中的集，两个词一字之差，其含义却有着重大区别，因为人类历史上由来已久的中央集权统治直到 20 世纪才有条件变种成极权主义。极权主义所谋求的，是从肉体到精神，全面、彻底地操纵和控制人类的每一个成员，把他们改造成实现个别极权主义者梦想的人形机器。20 世纪给人类带来最大灾难和伤害的战争和运动，都是极权主义的"杰作"，德鲁克青年时代经历的希特勒纳粹主义正是其中之一。要了解德鲁克的经历怎样影响了他的信念和价值观，最好去读他的《旁观者》；要弄清什么是极权主义和为什么大众会拥护它，可以去读汉娜·阿伦特 1951 年出版的《极权主义的起源》。

好在历史的演变并不总是令人沮丧。工业革命以来，特别是从 1800 年开始，最近这 200 年生产力呈加速度提高，不但造就了物质的极大丰富，还带来社会结构的深刻改变，这就是德鲁克早在 80 年前就敏锐地洞察和指出的，多元的、组织型的新社会的形成：新兴的企业和非营利机构填补了由来已久的"国（政府）"和"家（家庭）"之间的断层和空白，为现代国家提供了真正意义上的种种社会功能。在这个基础上，教育的普及和知识工作者的崛起，正在造就知识经济和知识社会，而信息科技成为这一切变化的加速器。要特别说明，"知识工作者"是德鲁克创造的一个称谓，泛指具备和应用专门知识从事生产工作，为社会创造出有用的产品和服务的人群，这包括企业家和在任何机构中的管理者、专业人士和技工，也包括社会上的独立执业人士，如会计师、律师、咨询师、培训师等。在 21 世纪的今天，由于知识的应用领域一再被扩大，个人和个别机构不再是孤独无助的，他们因为掌握了某项知识，就拥有了选择的自由和影响他人的权力。知识工作者和由他们组成的知识型组织不再是传统的知识分子或组织，知识工作者最大的特点就是他们的独立自主，可以主动地整合资源、创造价值，促成经济、社会、文化甚至政治层面的改变，而传统的知识分子只能依附于当时的统治当局，在统治当局提供的平台上才能有所作为。这是一个划时代的、意义深远的变化，而且这个变化不仅发生在西方发达国家，也发生在发展中国家。

在一个由多元组织构成的社会中，拿政府、企业和非营利机构这三类组织相互比较，企业和非营利机构因为受到市场、公众和政府的制约，它们的管理者不可能像政府那样走上极权主义统治，这是它们在德鲁克看来，比政府更重要、更值得寄予希望的原因。尽管如此，它们仍然可能因为管理缺位或者管理失当，例如官僚专制，不能达到德鲁克期望的"负责任地、高绩效地运作"，从而为极权专制垄断社会资源让出空间、提供机会。在所有机构中，包括在互联网时代虚拟的工作社群中，知识工作者的崛起既为新的管理提供了基础和条件，也带来对传统的"胡萝卜加大棒"管理方式的挑战。德鲁克正是因应这样的现实，研究、创立和不断完善现代管理学的。

1999 年 1 月 18 日，德鲁克接近 90 岁高龄，在回答"我最重要的贡献是什么"这个问题时，他写了下面这段话：

> 我着眼于人和权力、价值观、结构和规范去研究管理学，而

在所有这些之上，我聚焦于"责任"，那意味着我是把管理学当作一门真正的"博雅技艺"来看待的。

给管理学冠上"博雅技艺"的标识是德鲁克的首创，反映出他对管理的独特视角，这一点显然很重要，但是在他众多的著作中却没找到多少这方面的进一步解释。最完整的阐述是在他的《管理新现实》这本书第 15 章第五小节，这节的标题就是"管理是一种博雅技艺"：

> 30 年前，英国科学家兼小说家斯诺（C. P. Snow）曾经提到当代社会的"两种文化"。可是，管理既不符合斯诺所说的"人文文化"，也不符合他所说的"科学文化"。管理所关心的是行动和应用，而成果正是对管理的考验，从这一点来看，管理算是一种科技。可是，管理也关心人、人的价值、人的成长与发展，就这一点而言，管理又算是人文学科。另外，管理对社会结构和社群（社区）的关注与影响，也使管理算得上是人文学科。事实上，每一个曾经长年与各种组织里的管理者相处的人（就像本书作者）都知道，管理深深触及一些精神层面关切的问题——像人性的善与恶。
>
> 管理因而成为传统上所说的"博雅技艺"（liberal art）——是"博雅"（liberal），因为它关切的是知识的根本、自我认知、智慧和领导力，也是"技艺"（art），因为管理就是实行和应用。管理者从各种人文科学和社会科学中——心理学和哲学、经济学和历史、伦理学，以及从自然科学中，汲取知识与见解，可是，他们必须

把这种知识集中在效能和成果上——治疗病人、教育学生、建造桥梁,以及设计和销售容易使用的软件程序等。

作为一个有多年实际管理经验,又几乎通读过德鲁克全部著作的人,我曾经反复琢磨过为什么德鲁克要说管理学其实是一门"博雅技艺"。我终于意识到这并不仅仅是一个标新立异的溢美之举,而是在为管理定性,它揭示了管理的本质,提出了所有管理者努力的正确方向。这至少包括了以下几重含义:

第一,管理最根本的问题,或者说管理的要害,就是管理者和每个知识工作者怎么看待与处理人和权力的关系。德鲁克是一位基督徒,他的宗教信仰和他的生活经验相互印证,对他的研究和写作产生了深刻的影响。在他看来,人是不应该有权力(power)的,只有造人的上帝或者说造物主才拥有权力,造物主永远高于人类。归根结底,人性是软弱的,经不起权力的引诱和考验。因此,人可以拥有的只是授权(authority),也就是人只是在某一阶段、某一事情上,因为所拥有的品德、知识和能力而被授权。不但任何个人是这样,整个人类也是这样。民主国家中"主权在民",但是人民的权力也是一种授权,是造物主授予的,人在这种授权之下只是一个既有自由意志,又要承担责任的"工具",他是造物主的工具而不能成为主宰,不能按自己的意图去操纵和控制自己的同类。认识到这一点,人才会谦卑而且有责任感,他们才会以造物主才能够掌握、人类只能被其感召和启示的公平正义,去时时检讨自己,也才会甘愿把自己置于外力强制的规范和约束之下。

第二，尽管人性是不完美的，但是人彼此平等，都有自己的价值，都有自己的创造能力，都有自己的功能，都应该被尊敬，而且应该被鼓励去创造。美国的独立宣言和宪法中所说的，人生而平等，每个人都有与生俱来、不证自明的权利（rights），正是从这一信念而来的，这也是德鲁克的管理学之所以可以有所作为的根本依据。管理者是否相信每个人都有善意和潜力？是否真的对所有人都平等看待？这些基本的或者说核心的价值观和信念，最终决定他们是否能和德鲁克的学说发生感应，是否真的能理解和实行它。

第三，在知识社会和知识型组织里，每一个工作者在某种程度上，都既是知识工作者，也是管理者，因为他可以凭借自己的专门知识对他人和组织产生权威性的影响——知识就是权力。但是权力必须和责任捆绑在一起。而一个管理者是否负起了责任，要以绩效和成果做检验。凭绩效和成果问责的权力是正当和合法的权力，也就是授权（authority），否则就成为德鲁克坚决反对的强权（might）。绩效和成果之所以重要，不但在经济和物质层面，而且在心理层面，都会对人们产生影响。管理者和领导者如果持续不能解决现实问题，大众在彻底失望之余，会转而选择去依赖和服从强权，同时甘愿交出自己的自由和尊严。这就是为什么德鲁克一再警告，如果管理失败，极权主义就会取而代之。

第四，除了让组织取得绩效和成果，管理者还有没有其他的责任？或者换一种说法，绩效和成果仅限于可量化的经济成果和财富吗？对一个工商企业来说，除了为客户提供价廉物美的产品和服务、为股东赚取合理的利润，能否同时成为一个良好的、负责任的"社会公民",能否同时帮助自己的员工在品格和能力两方面都得到提升呢?这似乎是一个太过苛刻的要求,但它是一个合理的要求。我个人在十多年前,和一家这样要求自己的后勤服务业的跨国公司合作,通过实践认识到这是可能的。这意味着我们必须学会把伦理道德的诉求和经济目标,设计进同一个工作流程、同一套衡量系统,直至每一种方法、工具和模式中去。值得欣慰的是,今天有越来越多的机构开始严肃地对待这个问题,在各自的领域做出肯定的回答。

第五,"作为一门博雅技艺的管理"或称"博雅管理",这个讨人喜爱的中文翻译有一点儿问题,从翻译的"信、达、雅"这三项专业要求来看,雅则雅矣,信有不足。liberal art 直译过来应该是"自由的技艺",但最早的繁体字中文版译成了"博雅艺术",这可能是想要借助它在中国语文中的褒义,我个人还是觉得"自由的技艺"更贴近英文原意。liberal 本身就是自由。art 可以译成艺术,但管理是要应用的,是要产生绩效和成果的,所以它首先应该是一门"技能"。另一方面,管理的对象是人们的工作,和人打交道一定会面对人性的善恶,人的千变万化的意念——感性的和理性的,从这个角度看,管理又是一门涉及主观判断的"艺术"。所以 art 其实更适合解读为"技艺"。liberal——自由,art——技艺,把两者合起来就是"自由技艺"。

最后我想说的是,我之所以对 liberal art 的翻译这么咬文嚼字,是因为管理学并不像人们普遍认为的那样,是一个人或者一个机构的成功学。它不是旨在让一家企业赚钱,在生产效率方面达到最优,也不是旨在让一家非营利机构赢得道德上的美誉。它旨在让我们每个人都生存在其中的人类社会和人类社群(社区)更健康,使人们较少受到伤害和痛苦。让每个工作者，按照他与生俱来的善意和潜能，自由地选择他自己愿意在这个社会或社区中所承担的责任；自由地发挥才智去创造出对别人有用的价值，从而履行这样的责任；并且在这样一个创造性工作的过程中，成长为更好和更有能力的人。这就是德鲁克先生定义和期待的，管理作为一门"自由技艺"，或者叫"博雅管理"，它的真正的含义。

邵明路

彼得·德鲁克管理学院创办人

| 推荐序二 |

跨越时空的管理思想

　　20多年来，机械工业出版社华章公司关于德鲁克先生著作的出版计划在国内学术界和实践界引起了极大的反响，每本书一经出版便会占据畅销书排行榜，广受读者喜爱。我非常荣幸，一开始就全程参与了这套丛书的翻译、出版和推广活动。尽管这套丛书已经面世多年，然而每次去新华书店或是路过机场的书店，总能看见这套书静静地立于书架之上，长盛不衰。在当今这样一个强调产品迭代、崇尚标新立异、出版物良莠难分的时代，试问还有哪本书能做到这样呢？

　　如今，管理学研究者们试图总结和探讨中国经济与中国企业成功的奥秘，结论众说纷纭、莫衷一是。我想，企业成功的原因肯定是多种多样的。中国人讲求天时、地利、人和，缺一不可，其中一定少不了德鲁克先生著作的启发、点拨和教化。从中国老一代企业家（如张瑞敏、任正非），及新一代的优秀职业经理人（如方洪波）的演讲中，我们常常可以听到来自先生的真知灼见。在当代管理学术研究中，我们也可以常常看出先生的思想指引和学术影响。我常常对学生说，当你不能找到好的研究灵感时，可以去翻翻先生的著作；当你对企业实践困惑不解时，也可以把先生的著作放在床头。简言之，要想了解现代管理理论和实践，首先要从研读德鲁克先生的著作开始。基于这个原因，1991年我从美国学成回国后，在南京大学商学院图书馆的一角专门开辟了德鲁克著作之窗，并一手创办了德鲁克论坛。至今，我已在南京大学商学院举办了100多期德鲁克论坛。在这一点上，我们也要感谢机械工业出版社华章公司为德鲁克先生著作的翻译、出版和推广付出的辛勤努力。

　　在与企业家的日常交流中，当发现他们存在各种困惑的时候，我常常推荐企业家阅读德鲁克先生的著作。这是因为，秉持奥地利学派的一贯传统，德鲁克先生总是将企业家和创新作为著作的中心思想之一。他坚持认为："优秀的企业家和企业家精神是一个国家最为重要的资源。"在企业发展过程中，企业家总是面临着效率和创新、制度和个性化、利润和社会责任、授权和控制、自我和他人等不同的矛盾与冲突。企业家总是在各种矛盾与冲突中成长和发展。现代工商管理教育不但需要传授建立现代管理制度的基本原理和准则，同时也要培养一大批具有优秀管理技能的职业经理人。一个有效的组织既离不开良好的制度保证，同时也离不开有效的管理者，两者缺一不可。这是因为，一方面，企业家需要通过对管理原则、责任和实践进行研究，探索如何建立一个有效的管理机制和制度，而衡量一个管理制度是否有效的标准就在于该制度能否将管理者个人特征的影响降到最低限度；另一方面，一个再高明的制度，如果没有具有职业道德的员工和管理者的遵守，制度也会很容易土崩瓦解。换言之，一个再高效的组织，如果缺乏有效的管理者和员工，组织的效率也不可能得到实现。虽然德鲁克先生的大部分著作是有关企业管理的，但是我们可以看到自由、成长、创新、多样化、多元化的思想在其著作中是一以贯之的。正如德鲁克在《旁观者》一书的序言中所阐述的，"未来是'有机体'的时代，由任务、目的、策略、社会的和外在的环境所主导"。很多人喜欢德鲁克提出的概念，但是德鲁克却说，"人比任何概念都有趣多了"。德鲁克本人虽然只是管理的旁观者，但是他对企业家工作的理解、对管理本质的洞察、对人性复杂性的观察，鞭辟入里、入木三分，这也许就是企业家喜爱他的著作的原因吧！

德鲁克先生从研究营利组织开始，如《公司的概念》（1946年），到研究非营利组织，如《非营利组织的管理》（1990年），再到后来研究社会组织，如《功能社会》（2002年）。虽然德鲁克先生的大部分著作出版于20世纪六七十年代，然而其影响力却是历久弥新的。在他的著作中，读者很容易找到许多最新的管理思想的源头，同时也不难获悉许多在其他管理著作中无法找到的"真知灼见"，从组织的使命、组织的目标以及工商企业与服务机构的异同，到组织绩效、富有效率的员工、员工成就、员工福利和知识工作者，再到组织的社会影响与社会责任、企业与政府的关系、管理者的工作、管理工作的设计与内涵、管理人员的开发、目标管理与自我控制、中层管理者和知识型组织、有效决策、管理沟通、管理控制、面向未来的管理、组织的架构与设计、企业的合理规模、多角化经营、多国公司、企业成长和创新型组织等。

30多年前在美国读书期间，我就开始阅读先生的著作，学习先生的思想，并聆听先生的课堂教学。回国以后，我一直把他的著作放在案头。尔后，每隔一段时间，每每碰到新问题，就重新温故。令人惊奇的是，随着阅历的增长、知识的丰富，每次重温的时候，竟然会生出许多不同以往的想法和体会。仿佛这是一座挖不尽的宝藏，让人久久回味，有幸得以伴随终生。一本著作一旦诞生，就独立于作者、独立于时代而专属于每个读者，不同地理区域、不同文化背景、不同时代的人都能够从中得到启发、得到教育。这样的书是永恒的、跨越时空的。我想，德鲁克先生的著作就是如此。

特此作序，与大家共勉！

南京大学人文社会科学资深教授、商学院名誉院长

博士生导师

2018年10月于南京大学商学院安中大楼

| 推荐序三 |

彼得·德鲁克与伊藤雅俊管理学院是因循彼得·德鲁克和伊藤雅俊命名的。德鲁克生前担任玛丽·兰金·克拉克社会科学与管理学教席教授长达三十余载，而伊藤雅俊则受到日本商业人士和企业家的高度评价。

彼得·德鲁克被称为"现代管理学之父"，他的作品涵盖了39本著作和无数篇文章。在德鲁克学院，我们将他的著述加以浓缩，称之为"德鲁克学说"，以撷取德鲁克著述在五个关键方面的精华。

我们用以下框架来呈现德鲁克著述的现实意义，并呈现他的管理理论对当今社会的深远影响。

这五个关键方面如下。

（1）**对功能社会重要性的信念**。一个功能社会需要各种可持续性的组织贯穿于所有部门，这些组织皆由品行端正和有责任感的经理人来运营，他们很在意自己为社会带来的影响以及所做的贡献。德鲁克有两本书堪称他在功能社会研究领域的奠基之作。第一本书是《经济人的末日》(1939年),"审视了法西斯主义的精神和社会根源"。然后,在接下来出版的《工业人的未来》(1942年)一书中,德鲁克阐述了自己对第二次世界大战后社会的展望。后来,因为对健康组织对功能社会的重要作用兴趣盎然,他的主要关注点转到了商业。

(2)**对人的关注**。德鲁克笃信管理是一门博雅艺术,即建立一种情境,使博雅艺术在其中得以践行。这种哲学的宗旨是:管理是一项人的活动。德鲁克笃信人的潜质和能力,而且认为卓有成效的管理者是通过人来做成事情的,因为工作会给人带来社会地位和归属感。德鲁克提醒经理人,他们的职责可不只是给大家发一份薪水那么简单。

对于如何看待客户,德鲁克也采取"以人为本"的思想。他有一句话人人知晓,即客户决定了你的生意是什么,这门生意出品什么以及这门生意日后能否繁荣,因为客户只会为他们认为有价值的东西买单。理解客户的现实以及客户崇尚的价值是"市场营销的全部所在"。

(3)**对绩效的关注**。经理人有责任使一个组织健康运营并且持续下去。考量经理人的凭据是成果,因此他们要为那些成果负责。德鲁克同样认为,成果负责制要渗透到组织的每一个层面,务求淋漓尽致。

制衡的问题在德鲁克有关绩效的论述中也有所反映。他深谙若想提高人的生产力,就必须让工作给他们带来社会地位和意义。同样,德鲁克还论述了在延续性和变化二者间保持平衡的必要性,他强调面向未来并且看到"一个已经发生的未来"是经理人无法回避的职责。经理人必须能够探寻复杂、模糊的问题,预测并迎接变化乃至更新所带来的挑战,要能看到事情目前的样貌以及可能呈现的样貌。

（4）**对自我管理的关注**。一个有责任心的工作者应该能驱动他自己，能设立较高的绩效标准，并且能控制、衡量并指导自己的绩效。但是首先，卓有成效的管理者必须能自如地掌控他们自己的想法、情绪和行动。换言之，内在意愿在先，外在成效在后。

（5）**基于实践的、跨学科的、终身的学习观念**。德鲁克崇尚终身学习，因为他相信经理人必须要与变化保持同步。但德鲁克曾经也有一句名言："不要告诉我你跟我有过一次精彩的会面，告诉我你下周一打算有哪些不同。"这句话的意思正如我们理解的，我们必须关注"周一早上的不同"。

这些就是"德鲁克学说"的五个支柱。如果你放眼当今各个商业领域，就会发现这五个支柱恰好代表了五个关键方面，它们始终贯穿交织在许多公司使命宣言传达的讯息中。我们有谁没听说过高管宣称要回馈他们的社区，要欣然采纳以人为本的管理方法和跨界协同呢？

彼得·德鲁克的远见卓识在于他将管理视为一门博雅艺术。他的理论鼓励经理人去应用"博雅艺术的智慧和操守课程来解答日常在工作、学校和社会中遇到的问题"。也就是说，经理人的目光要穿越学科边界来解决这世上最棘手的一些问题，并且坚持不懈地问自己："你下周一打算有哪些不同？"

彼得·德鲁克的影响不限于管理实践，还有管理教育。在德鲁克学院，我们用"德鲁克学说"的五个支柱来指导课程大纲设计，也就是说，我们按照从如何进行自我管理到组织如何介入社会这个次序来给学生开设课程。

德鲁克学院一直十分重视自己的毕业生在管理实践中发挥的作用。

其实，我们的使命宣言就是：

> 通过培养改变世界的全球领导者，来提升世界各地的管理实践。

有意思的是，世界各地的管理教育机构也很重视它们的学生在实践中的表现。事实上，这已经成为国际精英商学院协会（AACSB）认证的主要标志之一。国际精英商学院协会"始终致力于增进商界、学者、机构以及学生之间的交融，从而使商业教育能够与商业实践的需求步调一致"。

最后我想谈谈德鲁克和管理教育，我的观点来自2001年11月 *BizEd* 杂志第1期对彼得·德鲁克所做的一次访谈，这本杂志由商学院协会出版，受众是商学院。在访谈中，德鲁克被问道：在诸多事项中，有哪三门课最重要，是当今商学院应该教给明日之管理者的？

德鲁克答道：

> 第一课，他们必须学会对自己负责。太多的人仍在指望人事部门来照顾他们，他们不知道自己的优势，不知道自己的归属何在，他们对自己毫不负责。
>
> 第二课也是最重要的，要向上看，而不是向下看。焦点仍然放在对下属的管理上，但应开始关注如何成为一名管理者。管理你的上司比管理下属更重要。所以你要问："我应该为组织贡献什么？"
>
> 最后一课是必须修习基本的素养。是的，你想让会计做好会计的事，但你也想让她了解其他组织的功能何在。这就是我

说的组织的基本素养。这类素养不是学一些相关课程就行了，而是与实践经验有关。

凭我一己之见，德鲁克在2001年给出的这则忠告，放在今日仍然适用。卓有成效的管理者需要修习自我管理，需要向上管理，也需要了解一个组织的功能如何与整个组织契合。

彼得·德鲁克对管理实践的影响深刻而巨大。他涉猎广泛，他的一些早期著述，如《管理的实践》（1954年）、《卓有成效的管理者》（1966年）以及《创新与企业家精神》（1985年），都是我时不时会翻阅研读的书籍，每当我作为一个商界领导者被诸多问题困扰时，我都会从这些书中寻求答案。

珍妮·达罗克
彼得·德鲁克与伊藤雅俊管理学院院长
亨利·黄市场营销和创新教授
美国加州克莱蒙特市

| 新版序 |

    首次出版时，本书曾被归为"未来主义"著作之列。不过我并不相信"预言"和"预测"，在我看来，它们不但无用而且极易不攻自破。将本书视为一项"早期诊断"或许更为合适，针对20世纪50年代晚期社会（尤其是美国社会）的状况，本书提出了以下问题：有哪些业已开始的重要变化，会让未来极大地不同于多数人依然"视之如常"的现在，不同于我们多数人都当作"理所当然"的现在？事实上，我最早为本书想到的书名是《已经发生的未来》㊀，后来因为太长不适合放在封面而作罢。

    本书的写作基于一项假设，即我们的社会正在经历着重大变化，大到我们已经跟过去的那个时代告别，正迈进一个新的时代。而这，便是将本书的副书名定为"对即将到来的后现代世界的一份报告"（*A Report on the New Post-Modern World*）的原因所在。"后现代"一词出于本人杜撰，据我所知，其第一次出现便是在本书中。在该假设之上，本书提出并回答了以下问题：这些变化都发生在哪些领域？

㊀ 本书英文版的书名为 *Landmarks of Tomorrow*，中译本采用了德鲁克最初的书名。

其中最重要的变化是什么？它们各自都意味着什么？有什么含义？面对这些变化，有什么是我们需要学习或摒弃的？有什么是我们能做的？

本书在很多方面都不同于我的前期著作。在出版本书的8年前，我致力于分析兴起于第二次世界大战（以下简称"二战"）的新型工业社会的三本著作已经出版了，它们分别是《工业人的未来》（1942年）、《公司的概念》（1946年）和《新社会》（1949年）㊀。就在写作本书之际，我也同时开始了对工业社会最基本要素（管理）的研究，并于1954年出版了我本人在该领域的第一本著作《管理的实践》㊁，这也是最为基础性的一本著作。紧随其后，我又写了《为成果而管理》（1964年）、《卓有成效的管理者》（1966年）和《管理：使命、责任、实践》（1973年）㊂。前两本书分别代表了我本人在"战略"和"领导力"上的首度研究，后者则试图将关于管理的各个主题糅合于一本书当中，其中既将管理视为一项专门工作，也将其视为一项主要社会功能。随后，我写了《创新与企业家精神》（1986年）㊃，此书第一次将企业家精神视为系统化原则，并将创新视作一项有组织的、系统性的、具有目的性的工作。最后，是于1991年出版的《非营利组织的管理》㊄，该书首次将项目管理、领导力和企业家精神的概念用在非营利部门及其制度上。

故而本书既不同于我早年关于社会分析的著作，也不同于其后30年间撰写的诸多熟为人知的著作——那些关于管理，但绝非仅限于商业管理，而是将管理视为一项具有特定原则、使命和社会功能的工作的著作。不过，本书为我随后撰写的所有关于社会的著作提供了格式和方法，

㊀㊁㊂㊃㊄ 这几本书的中文版已由机械工业出版社出版。

这些著作包括《断层时代》(1969年)、《看不见的革命》(1976年)㊀、《管理新现实》(1989/1990年)、《后资本主义社会》(1993年)。这些著作全都是关于社会基础方面发生的根本性变革,全都在继续由《已经发生的未来》所开创的工作,亦即将业已到来的未来展现给大家。

如今距本书首次出版已经38年了,而这份早期诊断中的内容是否已被证实了呢?本书的最大发现便在于对各种转变的预言:从19世纪的机械进步转向系统化、有目的、有组织的创新;知识转而成为新的主要资源;由各种组织构成的多元化社会的兴起;现代政府在有效行使职责方面将遇到危机㊁;全球化经济和全球化社会的到来。自提出以来,这些预言当中仅有一项未被证实,或者说只是被部分证实,其余均已被一一证实。

而这项尚未被完全证实的预言,恰恰是自本书出版以来,最受关注也被讨论得最多的一项:一种新的世界观,一种新的整体主义哲学即将迅速兴起!事实上,在过去的38年㊂,许多学科都发生了我所预言的即将迅速到来的变化:由信奉笛卡儿式世界观下的"整体是部分的机械加总",转而认为"整体具有特定的配置或格式塔,并不等于部分之和"。这些学科包括生物遗传学、生物物理学和分子生物学等生物学科,如今正将其关注点转向"人格"的心理学,气象学及地球科学,新近兴起的生态学,数学中的混沌理论及复杂性理论。

㊀ 该书后来以《养老金革命》再版。
㊁ 有意思的是,给出这一预言不久,随后上台执政的肯尼迪却让政府看上去像一个"充满活力的全能君主"。
㊂ 英文版第1版于1957年出版,除另有说明外,本书正文中涉及时间的推算均以第1版写作时间为准。

不过，尽管这么多学科都发生了这一转变，但哲学依然丝毫未受影响。更有甚者，哲学中的哲学语言学和结构主义甚至滑向了更为极端的笛卡儿原子论——仅承认部分的存在，彻底否定整体。有这样一个古老的说法：哲学总是追随主流科学世界的范式，并将其转化为世界观和形而上学。这方面最好的例子是伊曼努尔·康德对艾萨克·牛顿的追随，只是前者要比后者晚了五十多年㊀。按照这一规律，新的哲学要到2000年左右才会出现，出现的时间比我失之心急的预言整整要晚四十多年。

但是作为一份诊断报告，相比于失之心急的预言，更严重的问题是对重大发展方向完全视而不见。在本书中，信息革命便是这样一个被忽视了的方向。尽管后来的这些年我一直与作为主流计算机厂商的IBM有着紧密的合作，为它做讲座，并与它一同对外宣扬计算机不仅仅是一个小玩意儿，计算机必然会带来一场关于工作、组织和思考方式的革命，将作为一场从经验到信息的根本性变革的标志而存在。但在写作本书时，这对我而言完全是一个陌生的领域。故而尽管后来我获得了对信息革命极富洞见的声誉，但在写作本书时对该领域根本只字未提。一直等到下一本关于社会分析的著作——1969年的《断层时代》，我才开始对信息革命进行分析。

鉴于上述种种缺憾，如果将其视为一份"早期诊断报告"并对其打分的话，本书根本就得不了"A+"。但由于在其主题（对社会变革的预测及重要变化的识别）上的表现还算过得去，打个"A−"大概还是可以的。

㊀ 牛顿逝世于1727年，康德生于1724年，但后者直到1781年才出版其第一本重要著作《纯粹理性批判》。

对于今天的读者而言，本书有一方面一定会让他们大吃一惊，那就是通篇都洋溢着乐观的态度。事实上，为了写作这篇新版序而重读本书时，这一乐观倾向同样让我自己感到惊讶。尽管讨论的是诸多重大主题以及蕴于其间的重大挑战，但本书无疑处处充满了自信，无论论及的主题是经济发展㊀、政治结构与组织，还是科学与教育。本书的乐观并非出于对问题和挑战的淡化，而是将其视为一项需要被完成的工作，而非负担和危机。

　　就在本书出版的 6 年之后，随着肯尼迪总统的遇刺，我们进入了一个长长的、充满了痛苦、危机、失望、恐慌的时代，而这一状况并不仅仅只发生在美国社会。但是若将这长长的时期视为进入本书所提出的"后现代"世界前的转换期，将这 38 年㊁间所经历的恐慌和危机视为转换期内必然存在的波动，或许并不算过于乐观。真希望本书再次发行之后，整个世界即将迈进的时代，能证明 38 年㊂前写下的此书中的乐观不是幻想。或许，这同样不算过于乐观。

彼得·德鲁克

于加利福尼亚州克莱蒙特

1995 年 11 月

㊀　正是在该部分，本书正确地预言到了日本即将崛起为一个发达而极富活力的经济体。
㊁㊂　此处的 38 年是指 1957～1995 年。

| 前 言 |

后现代世界

在过去 20 年的某个未知时刻,我们不知不觉地走出"现代",来到了一个尚未被命名的新时代。我们的世界观业已悄然改变,我们有了新的认知,也获得了新的能力。前方有一个新的世界在等着我们,那里充满了机遇、风险和挑战,有着新的人类赖以存在的精神内核。

尽管前些年,旧的世界观还在自诩为"现代"和"新潮",如今其随风而逝的命运却早已注定。它们依然主宰着我们的语汇,无论在政治还是在科学领域,事关国内还是国际事务。可无论在政治、哲学、艺术还是在科学界,各个团体基于旧世界观的标语和口号,尽管还能激起热血和情绪,但已经无法汇聚为统一的行动。在行动上我们已经被逼着去适应"当今"这个"后现代世界"的严苛标准,但对于这一新的格局,我们至今还没有相应的理论、概念和标语,没有任何相应的知识。

事实上,当下 40 岁以上的人对当今这个时代的感觉,就恍如在另一个世界长大成人之后,再移民到一个全新的陌生国家一样。

从 17 世纪中叶开始，在过去的整整 300 年里，整个西方便一直生活在"现代"当中。而在过去的 100 年里，这种现代性更是在哲学、政治、社会、科学和经济等多个领域扩展到了全球，成了第一种真正通行的世界秩序。但是如今，"现代"世界已成往事，而新的世界虽然已然到来，却时隐时现，仍未确立其地位。

因此我们生活的这个时代，其实是个转型期，是新旧世界相互交叠的时代。旧的"现代"世界虽趋消亡，但依然是我们的表达手段、期望标准和确保秩序的工具。而新的"后现代"世界，虽然缺乏定义、表达和工具，但已经在有效地掌控着我们的行动及其影响。

本书是关于我们正生活于其间的这个新的"后现代世界"的一份报告，仅此而已。它只分析看得见摸得着的现在，并不会对未来有任何涉入。事实上，在写作本书时，我一直在克制自己的欲望，去猜测接下来将会发生什么，以及预测将来会出现什么。我只是分门别类地呈现后现代世界的观念和价值，并没有将其整合为一种合乎秩序的整体。等到这些我不愿和没有做的工作都已经被人完成之际，一个具有其独特特征和世界观的新时代才算真正到来。而如今，我们只是处在新旧世界的转折处而已。

写作本书时，我将自己的目标定位为"理解而非创新，描述而非想象"。当然，这只是些细微而次要的工作。更为重要的工作，就交给能通过精妙的想象、创造和革新给出合理的新型组织、哲学和制度的人才吧。

本书涵盖了很多内容，但还算不上全面。整体而言，我试图在三大领域展开讨论，每一项都是人类生活和经历的重要构成部分。

新世界观、新观念和人类的新能力

本书的第一部分（第 1～3 章）探讨了哲学领域的转变：从由机械因果主导的笛卡儿式世界观，转向由模式、目的和过程主导的新世界观。而后本书转向了新世界观在创新领域的应用，以及随之而来的新的机遇、风险和责任，其间同时涵盖了技术创新和社会创新两类活动。随后，本书分析了将具有丰富知识和高度技能的成员组织起来共同努力实现目标的活动。正是这类活动，为大型组织提供了一种新的核心制度，同时也提供了社会秩序的一种新理念，在这种理念下，个人和社会成了相互依赖的两极。

新领域、新任务和新机遇

本书的第二部分（第 4～9 章）描述了四类新现实，每一项都是西方世界的人们需要面对的挑战。第一类现实是知识社会的兴起，在这样一个社会里：受过教育的人才是生产力的真正来源；每个人都在试图获得更好的教育，至少以入学年限看是如此；一个国家是否能在国际竞争中胜出，取决于其整体教育水平。这对社会和个人意味着什么？对教育又意味着什么？

第二类现实是经济发展（"消灭贫困"）成为人类新的共识和目标，以及如何克服国际、种族、阶层间的斗争来实现这一目标。第三类现实是国家及其政府的衰落，"现代政府"已然不再辉煌，无论在国内还是在国际事务的处理上它都正在日趋无力。第四类现实是非西方文化和文明的衰退，西方模式将成为可行的社会模式。

而后，在一个只有寥寥数段的总结部分中，本书提出了下列问题：这四类现实对西方国家意味着什么？如何影响其政府和政策制定的方向、目标和原则？

人类的境遇

本书的第三部分也是最后一部分（第10章）主要关注人类生活的新精神实质，如果你喜欢的话，也可以称之为形而上学。在这方面，我们所要面对的现实是：知识和权力都在变得绝对化，都获得了无以复加的破坏力。而这带来的结果是，自人类文明诞生以来，我们将第一次被迫去思考知识和权力的本质、功能，去思考如何对其加以控制。

尽管力求忠于事实，但就像任何一个身处陌生国度的人一样，我也会时常误解当前这个新时代。尽管力求客观，但作为有着西方背景的人，我同样具有欧洲人尤其是"盎格鲁-美国人"中的保守主义者所特有的偏见：相信自由、法律和正义，相信责任和工作，相信人既有独特之处也有先天缺陷。此外，我也明白自己在知识和理解力上的局限，这一缺点是我在从事所有创造性工作时需要面对的缺点。不过，我依然希望本书已经实现了其目标：报告我对新时代的见解。依然希望读者在以下两个方面均有所认识、有所触动：新的陌生时代已经明确到来，而我们曾经很熟悉的现代世界已经成为与现实无关的过往。

第 1 章 | CHAPTER 1

新 世 界 观

数年前，有两兄弟结伴前往纽约剧院观看《风的传人》㊀（Inherit the Wind）。他们正当 20 岁出头，都是聪明博学的研究生。而所观看的剧目则改编自 1925 年的斯科普斯案㊁。在这一臭名昭著的案例中，田纳西州的一位乡村教师因传授达尔文进化论而被判有罪。19 世纪以来科学与宗教之间的冲突，至此以一种极其荒唐的方式达到高潮。

到家以后，两兄弟都认为演员们的表演很精彩，但又都觉得剧情很让人费解。他们很想知道，这出剧目的看点究竟在哪儿？他们的父亲在与他们年纪相仿之际，曾因深受该案触动而由牧师改行做了律师。当父亲向他们解释该案的意义和看点时，两兄弟一齐回道："你就瞎编吧，说得一点都不对！"

㊀ 又译为《向上帝挑战》。
㊁ 又名"猴子审判"。

这个故事的关键之处在于：即便这两兄弟中一个是遗传学研究生，另一个在长老和纯加尔文教派神学院攻读神学理论，可要想向他们解释"科学和宗教之间的冲突"，却已经根本不可能！

很多前人视为理所当然的事，如今都在以惊人的速度变得让人无法理解。现代世界的第一代人，只要聪明博学如牛顿（Newton）、霍布斯（Hobbes）和洛克（Locke），即便身处"二战"前夜，也能顺畅地与世界相互理解。但若将他置于当今，他绝对无法与外界进行交流，尽管时光仅仅只往前走了20年。我们自己也能看到：在最近的选举中，20世纪30年代所经常出现的问题、标语、热点和政治联盟即便没有变得让人无法理解，也都早已无人在意了。

不过，对于我们这些后现代世界的第一代人而言，最为重要的变化则是基本世界观（fundamental world-view）的转变。我们依旧在接受并传授着已通行了300年的旧世界观，但它早已与现实脱节。而对于我们眼前所见的一切，又不能给出相应的分析工具、方法和语汇。对现实世界的感悟是世界观最重要的特征，是艺术鉴赏、哲学分析和技术词汇的基础。而在过去的15～20年里，我们突然在这方面面临着全新的基础。

"整体即部分之和"

现代西方的世界观可被称作笛卡儿式世界观。尽管在系统回答主流哲学问题时，过去300年间的哲学家很少有人追随这位17世纪早期的法国人的脚步，但现代社会的世界观却无疑源自于他——勒内·笛卡儿。在过去的300年间，不是伽利略和加尔文，不是霍布斯、洛克和卢梭，甚至不是牛顿，而是笛卡儿在决定着什么应该关注、什么比较重要、什么才是理性可行的！是他关于自己及自身所处世界的观点，划定了现代人的视野！

笛卡儿的贡献体现在以下两个方面。

其一，笛卡儿为现代世界提供了宇宙本原和秩序的基本公理。笛卡儿谢世之后，下一代的法兰西科学院曾对科学给出过一个极为著名的表达："科学是由事物动因引发的对事物确定而明显的知识。"如果放下优雅精奥的身段，这句话也可理解为"整体即部分之和"。当然，这一过于简化的说法是为那些既非科学家也非哲学家的普通大众准备的。

其二，笛卡儿提供了运用其公理对知识加以有效组织和探寻的方法。且不谈他的解析几何在数学上的重要性，至少它建立了用以联系各类概念的普遍量化逻辑，并提供了一整套通用符号和语言。200年后的凯尔文爵士据此而将笛卡儿式世界观定义为："只要我能度量，便算我已知晓。"

其实在笛卡儿之前，"整体即部分之和"早已作为一条代数公理存在了近2000年（尽管如今它已不再是一条通行于所有代数领域的公理）。不过笛卡儿的观点还隐含着"部分决定整体"，进而我们可以通过识别、了解部分来获知整体。它暗含着整体行为取决于各部分的运动，暗含着除了部分之和及部分间的结构与关系之外，作为整体其实并无其他。

在过去300年一直被视作理所当然的这些观点，如今看来早已稀松平常。不过当它们首次被提出时，却是极具根本性的创新。

虽然普通大众依然对这些论断熟悉得犹如条件反射，但仍旧认同法兰西科学院的科学定义的科学家已经越来越少，至少在他们各自的研究领域中是这样的。如今，我们所有的原则、科学、艺术全都基于一套新的概念。这套概念与笛卡儿公理及自其发展而来的现代西方世界观完全不相容。

从原因到形态

我们的每条原则都已由原因转向形态。

关于整体的概念在所有原则当中依然居于核心地位，不过如今它不再指部分之和，不再能够通过识别、感知、度量、预测、移动和理解各个部分来加以认知。而模式和形态则成了所有现代原则、科学和艺术的核心概念。

或许，在这方面生物学比其他任何学科表现得都更为明显。在过去的 50 年里，生物学经历了巨大的发展。尽管这些发展全都基于对经典力学、分析化学和数理统计等严格笛卡儿式研究方法的运用，不过随着生物学愈加变得"科学"，便越多使用诸如"免疫""代谢""生态""并发症""体内平衡"和"模式"之类的术语。它们每一个都在描述物质属性和数量背后的和谐秩序，每一个都更像美学术语！

心理学家如今成天讨论"格式塔""自我意识""人格"和"行为"等在 1910 年之前的专业文献中绝无踪影的术语，而社会学家如今则常常探讨"文化""整合"和"非正式群体"等"形式化"概念。它们全都是整体概念，全都跟模式、形态有关，全都只能在整体层面上加以理解。

单靠对各个部分的掌握并不能实现对整体形态的理解，即如单靠倾听单个音符根本无从感知旋律。实际上，所有模式和形态的任何部分都只能存在于整体当中，都只能通过对整体的理解来加以认识。正如我们从曲调而非按键当中辨明音符，同样我们也只能从完整形态中辨别各个部分在整体中的地位。无论人格中的动机，还是化学中的化合物，抑或代谢中的电力学运动、文化中的仪式和风俗，甚至抽象派画作中的颜色和形状，全都如此，无一例外。

而作为我们经济生活重心的企业，同样也遵循"格式塔"模式：我们将作为完整形态的产品生产过程看成一个真实实体，并将其粗糙地命名为"自动化"。"管理"同样是一个形态语汇。如今政府谈论"行政管理"和"政治进程"，经济学家谈论"国民收入""生产力"和"经济增长"，平常得跟神学家谈论"存在"一样。即便是物理学和工程学这两门在其本源与基本概念上最具笛卡儿式特征的学科，如今也在探讨"系统"，或是另一个与笛卡儿主义最不相容的术语"量子"。在"量子"的概念中，物质、能量、时间、距离、速度、方向等全都融于一个单一的不可分的过程。

而最具震撼的变化或许发生在语言技能的学习方法上，这是我们人类最基本也最熟悉的一套符号工具。不论教师和家长怎样极力辩解，如今还是越来越看重"沟通"，而非作为语言细节的"语法"。"沟通"是一个整体概念，不仅包含已经说出来的话，还包括言外之意和对话过程所处的气氛。要想实现很好的"沟通"，我们不仅需要了解所要传达的全部信息，还需要辨别沟通对象的行为模式和人格特点，需要辨别沟通环境及文化氛围。

前面提到的概念和术语都是全新的，任何一个在 50 年前都不具有任何科学含义，当然学者和科学家更不会用它们了。它们全都是定性的，全都不具备定量特征。文化并不由在其之下生活的人数来定义，也不由任何其他定量指标定义；商业企业同样不会由其规模界定。在这些形态术语中，只有在导致性质转变时，数量变化才有意义，希腊谚语中的"聚沙成丘"即为此意。而这一转变并非连续过程，而是一个非连续的事件。在性质上跃过某个门槛之后，声音便成了清晰可辨的旋律，言语和动作将连成行为，商业流程会化为管理哲学，原子则从某一元素变为另一元素。所有这些形态转变全都无法以定量方式加以度量、表示和传达，即便通过传统符号和定量关系做到了这一点，传达出的信息也与事实大相径庭。

需要强调的是，所有这些概念全都不再遵循"整体即部分之和"的公理。恰恰相反，它们全都遵循一个尚未被当作公理提出的观点：部分寓于整体之中。

目的化的世界

更为重要的一点，在这些新概念的背后，全都不存在指向它们的原因。作为笛卡儿式世界观的核心要素，因果关系在这里彻底消失了。不过也并不像人们常说的：一切都是随机和偶然事件。当爱因斯坦说他"绝不接受上帝在宇宙间掷骰子玩"时，他坚信自己是对的。而他的这一论断，恰恰反映了很多物理学家的无能，其中就包括他自己。他们无法接受因果关系之外的秩序概念，无力摆脱对笛卡儿式世界观的盲从。在这些包括现代物理学概念的新概念之后，存在着一种关于秩序的新理念：一切虽无关因果，却各有其目的。

每一个新概念都服务于整体目的。我们甚至可以将这些后现代概念的一般原则总结为：要素（我们确实不能再称之为"部分"了）之所以存在，便是为了组合之后服务于整体目的。例如，生物学家便是基于这一假设来研究器官及其功能的。正如著名生物学家埃德蒙 W. 辛诺特（Edmund W. Sinnott）在《精神生物学》中写道的："生命是基于对物质的组织。"如今我们所谈论的"秩序"，指的便是这种服务于整体目的的安排。于是，在被笛卡儿式世界观扬弃和代替 300 年后，整个世界又重新回到目的论的统御之下。

但是，我们的目的论与中世纪及文艺复兴时期的目的论存在极大差别。那个时期的目的论即便没有与人们所属、所为、所见的一切相脱离，至少也游离于物理学、社会学、心理学和哲学之外。而与之恰恰相反，我们的目的论指的正是这些学科的具体形态。它藏于自然之中而绝非形而上，是存于世界当中的目的，而不是说世界作为一个整体具有目的。

前不久，我读了某位知名物理学家的一篇文章，其中他提到了"亚原子粒子的特征"。这无疑是个笔误，不过却无意中揭示了他的某些观念。若在半个世纪之前，即便是最为马虎的物理学家，也绝不会跳出物质"性质"的范围。可如果构成原子的粒子具有"特征"，那么就算物质和能量并没有同时具备特征，至少原子也应该具有"特征"。而这，便需要事先假定物质内部存在一个目的化的秩序。

此外，新世界观还是基于过程视角的。每一个新概念之后都蕴含着增长、发展、旋律和成长等理念。它们全都是不可逆的过程，而笛卡儿式世界观中的一切则像等式两端的符号一样可以逆转。除非在童话世界中，不然成人绝对变不回小孩，铅绝不能还原为铀，企业也绝回不到家庭作坊。所有这些变化都是不可逆的，因为在变化的过程中，它们自身的特征也在变化。换言之，这是一种自我催生的变化。

直到75年前，作为前笛卡儿思维的最后残余，生物自发产生的观念才算在路易斯·巴斯德（Louis Pasteur）的研究之后归于沉寂。可如今，当极具声望的生物学家研究太阳光和宇宙粒子导致氨基酸生成而诱发生命时，这一观念又重新回到大家的视野。而备受尊敬的数理物理学家则在严肃讨论一些会对笛卡儿式世界观带来更大冲击的东西：一个关于物质如何以新宇宙和新星系的形式自发持续生成的理论。而作为澳大利亚病毒研究的先驱人物，一流的生物化学家麦克法兰·伯内特（MacFarlane Burnet）在《美国科学》杂志1957年2月刊中将病毒定义为："并非通常意义下的有机体，而是几乎可被称作一连串生物形态的东西。"

最近这种对过程的强调或许会导致与已统治我们达300年之久的现代西方世界观的最大决裂。笛卡儿式世界观不仅是机械的——所有事物都由有限因素决定，并且是静止的。经典力学中的严格惯性，乃是这一世界的假定基准。在这一点上，与大胆的创新者不同，笛卡儿主义者是最为极端的传统分子。

自亚里士多德以来，人们一直都推崇一种信条：唯有不变的事物才是真实和完美的。而笛卡儿式世界观最引以为豪的成就则是运用了这一传统信条。尽管运动显然存在，但如果将静止作为首要公理，人们根本就无法对其加以解释、理解和度量。早在2000年前，芝诺（Zeno）便以一系列著名的芝诺悖论的形式提出了这一点，阿基里斯与乌龟的悖论便是其中之一。唯有通过对微积分的运用，才能打破静止与运动之间的僵局（当然，其中需要用到笛卡儿本人提出的作为现代数学基础的解析几何，还要用到17世纪提出的笛卡儿式世界观）。这里面用到了一个极具天才的技巧，将运动拆分为无穷多个无穷小量，然后加以解释和度量。

然而，芝诺悖论远没有像教科书所宣称的那样已经得以解决。实际上，我们正越来越痛彻地认识到这一解决方案并不适用于真正的运动：发展。无论生物繁衍还是经济增长，都无法以错觉来加以解释。尽管在这300年间，现代世界观确实做到了前人无从下手的事情：于坚持惯性定律的同时，不断增强其对运动的处理能力，从而将在运动分析、预测和控制方面的成功，作为其公理"只有静止和不变的事物才是完美与真实的"有效的证据。

如今，通过对"过程"概念的思索，我们正越来越相信另一条假设：增长、变化和发展才是常态与真实的，离了它们，将只剩缺陷、衰败、堕落和死亡。因而，我们将要与之决裂的，并不仅仅是现代西方世界观的显见常识，还有那更古老也更为根本的西方传统。

走向新哲学

在过去的二三十年里，这些新观念已经化为现实融入我们的工作和生活当中，尽管还未成为大众报刊上的日常话题。它们对我们是如此的显而易见，任何想从方法论、哲学或形而上学的角度轻率地认定它们难以捉摸、无法理解的人都应该被视为空头理论家，甚至应该直接被当作不可理喻的老顽固。

从生物学、物理学、商业运营研究、现代数学到一般系统论、语义学、语言学、数理信息理论，所有学科都已开始向新的综合体系转变。我们正在从那种由客观物质静态性质决定的老旧机械概念和原则中解放出来，转而将"增长""信息""生态"这类普遍性的结构和过程视为新的原则。

尽管包括亚里士多德、达·芬奇、歌德、伯格森、怀特海德等人在内的许多大思想家都曾预见过这一新景象，不过让人震惊的是，第一个真正理解它的人却很可能是来自南非的简·克里斯蒂安·史姆兹（Jan Christiaan Smuts）。后者是20世纪最接近于"完人"的人，曾于25～30年前提出整体论哲学。

物理学家也正在加大这方面的探索，代表性的著作包括兰斯洛特·劳·怀特（Lancelot Law Whyte）的《人类的下一步发展》（*The Next Development of Man*）和诺贝尔物理学奖得主埃尔温·薛定谔（Erwin Schrödinger）的《生命是什么》（*What is Life?*）。而关于新景象最新也是最具说服力的表述则来自著名经济学家肯尼思·博尔丁（Kenneth Boulding）的《印象》（*The Image*）一书。

如今在美国，平装版著作最为畅销的当代哲学家当属恩斯特·卡西尔（Ernst Cassirer）。不过其中绝无流行论调，反而处处都在谈论日耳曼式的抽象原理。在他的书中，他同样将模式、形态和符号背后的秩序视作人类经验的根本所在。

尽管我们越来越将新世界观视作理所当然，但其实我们并没有真正理解。尽管我们能流畅地说出"形态""目的"和"过程"，其实我们并不懂这几个术语的真正含义。我们已经彻底抛弃笛卡儿式世界观，实际上它甚至正在迅速地变得让我们几乎无法理解。但是到目前为止，我们并未建立起新的体系和方法工具箱，并未建立起一套据以对秩序和意义加以探寻的新公理。新的笛卡儿还未降生，我们正在各个领域全面遭遇认知和审美危机。

在各个学科中工作的人都会碰到新的基于过程或形态的概念，除此之外他们很少遇到别的东西。但是在开展严格工作时，他们手中却仍然只有基于旧世界观和旧概念的旧方法可用，尽管这些方法已不适用于当前的新景象。

在社会科学中，这一滞后表现为一对惊人的矛盾：人们经常谈论"文化""人格"和"行为"，但除了大量收集能对特定项目加以证明的经验数据之外，他们却什么也做不了，而就其定义而言，这些项目往往毫无意义。

对于我朝夕从事的管理科学而言，局面同样令人沮丧。这门学科建立在"商业企业"和"管理过程"等形态概念之上，我们也都认同"组织氛围""个人在组织中的成长""对企业使命和目标的规划"等过程特征才是管理学的重中之重。但当我们试图讲求科学时，我们要么被扔回到个体活动的绩效度量之类的纯机械和静态的方法当中，要么只能空喊组织原则和各种定义。

物理学家同样难以抽身事外：对于亚原子粒子了解得越多，他们便越感到迷茫，因为他们看到的现象会更加复杂，并且与他们所给出的关于物质、能量和时间性质的一般理论相差越大。

世界观转变的另一结果是：那些发展最快的学科，尽管有着最多需要学习的东西，但也正在快速变得让人无法传授。

毫无疑问，经过最近一代人的努力，医学有了巨大的进步。但对于如今的医学毕业生是否得到了与30年前那些更为无知的前辈相当的教育，我认识的每一位从教多年的医学教师都存有疑虑，尽管他们跟前辈同样毕业于世界上最好的医学院。原因很简单，如今的医学教育依然沿袭着过去的做法：将该学科的知识划分为静态知识包，而后加以分别传授。

100 年前，当现代医学刚刚萌生于巴黎、维也纳和柏林时，最多只有六七个这样的知识包。但如今，其数目早已增长到 50 个以上。并且，每一个知识包都是一门发展完善到需要用尽一生才能完全掌握的学科。在医学院就读的短短 5 年，就算对每一学科都浅尝辄止，也都异常艰难。

毫无疑问，作为知识进步的后果，这一危局绝非许多学者愿意看到的。知识进步带给我们的，应该是一如既往地变得更为简易：更容易理解，更容易学习，也更容易教授。如果这不是知识进步最为重要的目标，那也该是首要目标。知识变得更为专门化、更为繁复，而非更具一般性，只能证明我们尚未掌握其实质，还没办法给出一个与我们所处世界相适应的哲学体系。

在这样一个哲学观念转变期，最让人苦恼的事情莫过于各个学科的表达混乱，以及惯用语言风格的效力因之所受的削弱和侵蚀。如今每门学科都有着自己的语言和术语，都在越来越多地采用鲜为人知的符号。对于身处 20 世纪的我们而言，世界统一的气象早已一去不复返，或许自 700 年前托马斯·阿奎纳（Thomas Aquinas）将西方基督教的教义与世俗传统融为一体之后便再未有过。无论何时，只要想重现统一，我们便只能回到笛卡儿哲学，重新诉诸那些极端实证主义和机械主义者惯用的概念。而这些概念，又恰恰否认了让统一变得令人向往和非常必要的知识与洞见。

在这样一个背景下，民众感到疑惑不解、茫然无措并不足为奇。我们听到很多传言说如今的大众存在反知识倾向。但如果知识正变得让他们无法理解，他们还有其他选择吗？可要想让大众都能理解，各门学科就需要先确立一套统一的通用概念，而专家在这方面依然力不从心。

不过幸运的是，如今我们已然能够预见这一新的融合该以什么形式进行，而十几二十年前我们对此还一无所知。

首先我们知道哪样是不对的。新哲学观应该超越并涵盖笛卡儿式世界观，而非对其加以断然否定。当初之所以有必要向笛卡儿式世界观转变，全是因为之前的苏格拉底主义贫乏无力到一败涂地。而如今我们需要新世界观，却主要是因为前者的机械主义和实证主义在"科学"上的巨大成功。

我们正在摒弃笛卡儿式世界观中的整体部分观念，摒弃其机械因果和惯性公理。但当现代物理学带着我们在一个全新层面上理解亚里士多德时，我们并不会对占星术产生过多的兴趣。在现代生物学和现代管理学中，我们接受质量、价值和判断等概念并对其加以度量，但这并不会让我们摒弃那些严格的实验和证明方法，并不意味着我们会放弃对客观度量方法的追求。

另一件我们需要加以否决的事情是：新体系中不得保留笛卡儿主义关于物质世界和观念世界的二元论。尽管二元论在美国从未获得过完全认可，但它无疑是笛卡儿体系中最有力量也最核心的部分。在过去的300年，尽管非其本意，但它无疑在让思想家和实证家逐渐地陷入毫无意义的分裂当中。每一方都在自己关于现实的狭小研究领域之外充满恶意地构建起越来越高的藩篱，而这也让整个哲学体系几乎陷于瘫痪。

如果过去真有必要对二者加以区分的话，那么自实验人员首次发现对某一现象的观察本身就会对其产生影响之日起，这一区分便不再具有任何意义。如今，我们的任务在于理解物理、生物、心理和社会秩序的各种模式，对物质和观念的精确探寻唯有置于这一更为宏大的统一体之中才有意义。

当然，我们也万分肯定地知道新体系该当怎样。

它必须为我们提供一批既具统一性又与具体现实相吻合的"整体"概念，依具体情形可称之为"系统""有机体"或"情境"等。我们需要一门学科而非对具体情境的简单描述，一门能对诸如发展、成长、衰败等不可逆质变加以严格刻画的学科。我们需要一套能对这类变化加以预测的严格方法。我们需要一门能对各类事件和现象的变化方向与未来状态加以解释的学科。这门学科并不会仅关注因果，并不会仅盯住某一潜在变化方向而对其他可能的变化视而不见。

我们需要一套关于目的论的哲学，以对质变的质量和方式加以度量。我们需要一套能对潜力与机会、临界点与关键因素、风险与不确定性、持续性与时机、跳跃与连续加以分析的方法论。我们需要一套容许两极共存的辩证法，将统一性和多样性视为必然共存于事物当中的两极。

这份清单似乎太大，大到看上去已远超我们所能。不过，要实现它并没有我们想的那么难，因为在很多方面我们都已经在为其积聚力量：创新的力量、在新的动态秩序中协调个体和社会的力量。

早在上7年级的时候，数学老师就曾告诉过我们一个古老的真谛：不要担心找不到正确答案，真正重要的是给出正确的问题。在哲学、科学、方法论甚至艺术当中，一旦问题能被定义或准确提出，或其答案所必须满足的条件能被确定，那么问题也就开始得以解决。因为那时，便是我们明确所找寻的目标，明确什么适合、什么是相关之际。

而这，经过人类在各个领域的不懈努力，我们早已知晓。

第 2 章 | CHAPTER 2

从进步到创新

对秩序的新认识

如今还有人相信"必然进步"吗？尽管饱尝第一次世界大战（以下简称"一战"）之苦，上一代人可是坚定地相信历史总在进步。与白里安（Briand）、赫里欧（Herriot）同时代的法国人对此深信不疑，同样坚信的还有魏玛共和国中那些心怀善意的社会民主党人，以及 20 世纪 30 年代聚集于"左翼读书俱乐部"的英国中产阶级和同一时期的美国大学教员。

如今若有谁这么说，那一定半在嘲讽，半因愚蠢。虽然这一老旧信念在政治辞令中仍然偶有回响，但当政客准备一些将见诸报端的演讲时，必会先行删去此类词句。只有少数学究才会依然宣扬历史进步不可避免。而这一信念所指的"不可避免的世界巨变"，那些曾于 30 多年前受其洗礼，如今皆已身处上位的老人果真愿意见到吗？这很是让人怀疑，毕竟他们整日与古物为伴：顽固推崇爱德华式装饰和青春派建筑，自我陶醉于瓦格纳音乐和前印象派的不朽画作。

至于其他人，我们早就不再盲目乐观地相信有什么"不可避免的进步"，更不会对人类生活中的悲苦和人性中的邪恶视而不见。我们不再相信除了烦恼还有什么会自动到来。我们不再确定我们将去往何方，更不清楚哪里才是终点。

那么，是否还有什么可以让我们相信的呢？

这从我们的言谈、著述当中是看不出来的，充斥其中的只有困惑、怀疑和矛盾。不过，我们的行动却给出了一个远出所料但清晰无比的答案。我们确实不再相信什么不可避免的进步，更不相信它会自动发生。但我们却在从事着创新，而它是一种目的和方向都很明确的、有组织的变革。

我们现在常讲的创新，是系统化、有组织的"向未知世界跃进"。我们能从中预见新的图景，并以此获得新的动力。它以科学为工具，但却萌生于想象，源于对未知事物而非已知事实的组织。

作为一种新的动力，创新已对我们的生活产生巨大的影响。它改变着我们的技术，并给了我们借由技术创造一种新秩序的机会。它给了我们一种全新的能力，让我们对社会和经济实施非技术革新的能力。

人类社会中的许多现有机构全都已由保守转入创新，如政府、军队和学校。除此之外，还诞生了许多新的专为创新而设立的机构，如商业企业和研究组织。如今，它们已处在非常核心的重要地位。

创新不仅是一种新的方法，它还是一种看待世界的新视角。在这一视角下，相对于具有确定性的机遇，另有一些放手一搏的机会暗藏于风险当中。而通过承担风险来创造秩序，则是人类在宇宙中应该充当的角色。这意味着人类的责任不在于保持自身实力，而在于不断地创新。

研究大爆炸

各种意在寻求新知识的"研究"活动便是如今人们相信创新的明证。按理说随着进步信念的崩塌，研究活动应该减缓，甚至可能消亡。但恰恰相反，研究反而出现了爆炸式增长。

在过去的 40 年里，美国各行业在技术研发上的支出增长了将近 100 倍。1928 年还不到 1 亿美元，如今已超过 100 亿美元。而这还只是在非军用技术上的投入，全都用于开发民用经济中的新产品、新工艺。而工业研究也已从一个边缘因素升级为整个经济体系的动力源泉。以前，只有电气工程、化工等有限的几个高科技行业中的少数大公司才会进行研发，如今新老行业中大大小小的企业全都一股脑儿投身研发。

在国民预算中，工业研发是除军事研究之外占比增长最快的项目。30 年前它在国民收入中还只占 0.1%，如今早已增长到将近 2%，而同一时期国民收入增长了 4 倍。毫无疑问，这一增长趋势还将持续下去，无论是总量还是在国民收入中的占比。

这一趋势并非美国特有。作为其他国家中数据公开可得的唯一国家，大英帝国的情形与美国并无差别。瑞士和西德的情况也大致相仿。而同一时期，尽管经历了萧条、战乱和外敌占领，来自丹麦的大公司飞利浦在研发上的投入依然增长了 50 倍。即便在军事工业以外的其他行业依然较弱的苏联，其非军事研发在过去几年里也得到了极快的发展。

以爆炸性增长速度在人力、物力上投入研发的，并不仅限于经济和商业。医药研究上的增长很可能更快。众所周知的还有军备技术，它在过去15年间的发展对战争形态造成的改变比之前的100年还要多。而在致力于社会创新的非技术研究和探索方面，尽管30年前人们还一无所知，如今也已成长为重要的研究主题：会计概念、教育方法、医院管理、关于组织和营销实践的理论。

就在几年前，英国漫画周刊 PUNCH 曾列举过多条优点和一条缺点来评价工业研发的这一最新"时尚"。其列出的优点主要包括：

- 无害。
- 降低失业率。
- 访客及股东会因看似科学的场景和充满硫化氢的气味而印象深刻。
- 总有一天会有人发现让整个行业面目一新的东西，至少在统计上这并非全无可能。
- 科学家全是些毫无恶意且善良安静的大小伙子。

而真正的缺点只有一条：烧钱！

PUNCH 周刊继续评论道：在对诸多优点和唯一的轻微缺点加以比较之后，没有商人会对所做之事再存疑虑，毕竟钱并非一切！

当这一评论出现在 *PUNCH* 上时，很多读者并不觉得有多风趣。恰恰相反，在他们看来，正是该评论背后所隐含的态度，才是导致大英帝国丧失其经济领导权的真正原因。时至今日，如果仍然有人把这段评论当笑话看，那也是在笑话 *PUNCH* 周刊。事实上，工党1964年秋从大选中的胜出，便主要源于其谴责保守党政府对工业研发采取了 *PUNCH* 所持的态度。

人类与变革

在这一由以前的"进步"到如今的"创新"的转变中,后笛卡儿和后现代的世界观找到了其最清晰的表达。正是对创新的追求,首次让关于模式和目的化过程的新概念变得切实可操作,尽管依然有些粗糙和原始。

从创新的角度来看,变革乃是加以控制的、具有方向性和目的性的人类活动。

这是一种全新的观点,不同于传统,也不同于将"进步"等同于变革。后两者虽在多处相互质疑,但都认为变革无从控制,都相信即使存在目的,但变革的方向和目标依然根本无从知晓。

人类一直生活在变革当中。没有什么永远不变,一切都处在萌生和衰亡之间,永远那么让人无所适从,这是生命最重要的特征。然而在多数历史时期,变革总被视为灾难,而恒定才是人类组织活动的目标。数千年来,人类社会制度一直将阻止和延缓变革视为首要目标。家庭、教会、军队和国家,全都是为应对变化威胁而构建的安全堡垒。"祖宗规矩"总被视为权威和完美的源泉,任何变革都只能将自己伪装为"师古效先"。

即便是极富创造力并带来诸多改变的文艺复兴运动,也依然将自身视为对古典时代所具有的永恒完美的回归。那时的改革者认为自己所做之事,其实是在恢复早期基督教文明的完美传统。任何偏离早期教会的做法都被当成堕落。时隔多年的美国革命同样将自身视为对"英国人权"

传统的复归。"一战"之后，欧洲出于本能地想要回归到1913年前后的"黄金时代"，而对新涌现出的代表未来方向的发展趋势熟视无睹，而这自然也成了随后出现的灾难后果的一大原因。

对必然进步的信念改变了前述变革态度，但依然将变革视作并非人力可控，无论是历史演进、社会势力浮沉还是物种进化。而它所做的事情，只是将负号变为了正号，并没对方程做任何改动。就像人们常说的那样，只是将基督徒对历史的看法世俗化为"上帝计划之中的进步"，只不过将时间度量由永恒时钟调整为历史时期而已。而整个过程，依然是自我启动与控制，并非由人力开启，更不受人力控制。

与之形成鲜明对比的是，如今我们早已不去思索变革是好是坏。我们将其视为理所当然，也不再将变革看成对既有秩序的修正。我们将变革本身视为唯一的秩序，一种动态变化的秩序。由于其他一切秩序均基于变革，故而变革在某种程度上便可加以预期和预测，甚至可以控制。

创新本身也不是什么新东西，自人类诞生以来它便陪伴我们左右。除家庭之外的一切制度、思想、艺术、工具，全都源自创新，全都是有意发展的结果。新奇之处在于，如今我们将人类视为秩序的创造者，可以预期、控制和左右变革的方向。

即使有组织的创新也不算太新。社会创新的历史差不多可追溯到200年前。1787年的《西北法令》便是这方面的一个早期例子，该法令为空旷的北美大陆规定了定居和政府组织模式。而《美国宪法》则代表着基于（既保守又激进的）共和制理念的一种有意识的创新尝试。该理念建立于三大法治原则之上：法律和法庭至高无上；公民须对联邦和州保持忠诚；以预先设定的宪法修正程序来确保系统的自我监管。

基于科学的技术创新同样可回溯到 100 年前。1857 年，有一个叫威廉·帕金（William Perkin）的英国青年偶然间发现了一种合成染料，由此开启了将科学知识有意识地用于工业生产的大门。而他本人，也因此成为基于科学的工业之父，以及现代技术和工业研究之父。

对生活在今天的我们来说，这是非常难以理解的。如今我们将创新视为当然，将变革视为常理，而非让人害怕的超常偶发现象。我们不会接受除此之外的任何"历史逻辑"，不去理会任何关于时代进步的虚妄概念。

但我们是否便真正理解创新了呢？

创新与知识

科学和创新之间显然有着紧密的联系。事实上，如今对创新最常用的定义便是：通过系统化地运用科学方法和最新科学知识，而有意识地去寻求变革。由此可见，创新显然是科学进步的产物。创新活动以新出现的科学方法为基础，以科学知识作为人类和社会活动的主要工具。

不过事情并非这么简单，创新过程中的纯理论研究和应用研究之间的关系便是其中之一。

创新以应用为目标，并不追求新知识，而是意在做出有效改变。这一论调常常被用于为应用研究做辩护，这类研究将纯理论知识作为可加以扩展和运用的工具。但此外，越来越多的来自军事、工业和社会等领域的证据表明，纯理论研究所带来的创新影响才是最大的。

如今，人们到处都在大谈特谈对纯理论研究的轻视，这一论调在美国尤为高涨。但与公众的看法恰恰相反的是，在纯理论研究上的人力和财力的投入与以前相比并没有减少。从比例上看其实增加了不少，以前的纯理论研究只有有限的几所大学的少数学者在做。当然与目前面临的创新需求和机会相比，在纯理论研究上的投入确实还是太少，尤其在纯理论研究已然成为最有效的应用研究的今天。

与此同时，应用研究的含义和特征也在改变。就在纯理论研究越来越关注应用之际，应用研究却越来越关注基础知识，并且创造了越来越多的纯理论知识。例如，对抗生素剂量的研究，无论从哪个角度看都是应用研究。但该项研究却关注微生物的基因特征，并进而增进对传染机理和人体免疫功能的根本性见解。

纯理论和应用研究之间的传统关系非常像无线电发射器和接收器之间的关系。发射器只管发信号，不管接收器是否收到。理论领域同样在向应用领域发散，等着被转化和应用，但并没有信号从应用领域反馈给理论领域。

相比之下，创新则是一个循环过程。在让现有基础知识发挥实用的过程中，应用研究者既需要了解新知识，也需要具备对现实需求的洞察。

> 例如，将著名的统计理论用于分析企业营销后，发现需要对消费者行为和动机进行研究，同时也发现了需要加以解释的诸多事实。在这里，纯理论研究不仅发掘了对新的基础知识的需要，也给出了新知识的用武之地和研究工具。而后者又会催生出对基础知识的新需求，如此不断循环下去。㊀

㊀ 这一以循环过程描述的图景显然比传统的单行道更为准确，即便是在最为纯粹的理论数学领域。不过在这里重要的并不是谁对谁错，而是现实情况究竟是怎样的。

理论研究与应用研究关系的这一转变，将大大改变系统化研究和探索的组织方式。我们将因之而需要从应用领域向纯理论领域发出系统性反馈。而这将对各理论学科之间的关系产生根本性的影响，也将极大地改变研究人才的培养模式。

而这只是某种更宏大同时也更难把握的转变的外在表现之一。这一转变便是"知识"含义的转变！在传统观念中，对知识的系统研究只是为了发现新事实。而在创新过程中，有组织的系统研究的目标则是为了寻找新的理念、模式和态度。

下面我们抛开技术，来看一个经济方面的例子。

产业经济方面最显著也是影响最为深远的转变发生于产品和服务的销售领域。最新的销售工具和做法包括消费信贷、包装、广告、市场调研、品牌促销、链式存储、超级市场和折扣商店。在过去的30年间，它们极大地改变了企业和消费者行为，改变了城市面貌，改变了经济结构中的强弱对比，改变了国民收入的分配状况。

其实这些还算不上是创新，它们只是两次基本理念转变的必然结果。第一次是由传统的"销售"转为"营销"：销售以说服消费者接受企业生产的任何产品为目标；而营销则包含两项工作，调动各项职能来为企业产品创造客户和市场，同时也让产品不断地适应客户和市场的需要。

我们现在正经历的则是第二次转变：在营销理念上，从以产品为中心转向以客户为中心。后者将营销视为经济的"需求部分",通过各种必要的努力和活动来最大限度地满足消费者的经济需要。

显然这三种理念都在面对相同的要素:市场、产品、客户、厂商,以及介于后两者之间的分销链条,但每种理念都会将其组合为不同的模式。而这一基于理念的模式本身便是知识,是创新的基石。它既创造了对新知识和新方法的需求,也为发展新的工具、方法和分销系统提供了机会。

上一代人在经济体系中所曾经历过的另一类重大变革是将商业企业视为人际社会组织,并由此催生了人际关系方面的研究,促成了新的管理和组织概念的提出,导致了产业心理学和产业社会学等新学科的兴起。在这方面同样没出现什么新事实,所有相关要素都在多年前即已被熟知和理解。有的只是关于工作场合人际关系的一种新视角,一种我们将在本书后续部分展开讨论的对人际组织的新见解。

无论在技术领域还是在社会领域,都很少有这么彻底的创新。不过即便是较为温和的创新,如新型"重大医疗支出"保险政策和新型塑料的采用,同样也源于新理念的采用。前者出于对保险功能和疾病作为家庭经济问题的新见解,后者则源于对大型分子结构和纺织品需求的深入了解。离开了这些新的理念和见解,根本就不会有创新产生,有的只是不断的调整和适应。

但是如果这些理念全凭偶然出现,全都出于直觉或猜测,而非通过有意识的系统化组织活动获得,那么同样也谈不上创新。

如今,我们相信:在人类知识的一切领域,都可以通过有意识的系统努力来催生这类理念。而这也正是我们相信创新的原因所在！不过，创新所需的知性直觉和系统直觉真的可以通过计划、组织和努力来加以培育吗？

对未知领域加以组织的力量

60年前，伟大的法国物理学家亨利·庞加莱[⊖]（Henri Poincaré）首次提出了直觉洞察力在科学发现中的地位。不过庞加莱所指的乃是一种"灵光闪现"，只产生于潜意识层面，根本无从预测。在他看来，个人能做的，只是多加训练以密切关注它的出现。

如今，我们相信经由想象向未知领域的跃迁一定服从某种知觉原理，一种能够感知但还无法传习的原理。我们正在开发创造性认知的严格方法。与以往的科学不同，它并非出于对已有知识的组织，而是建立在对未知领域的组织之上。

> 门捷列夫（Mendeleev）于1869～1872年对元素周期表的发现是这方面最好的例子，尽管它发生于创新时代尚未到来的几十年前。该项发现极具创造力，对现代物理学和现代化学都产生了巨大的影响。
>
> 门捷列夫本人并未发现任何一种新元素，也未发现那时已知的63种元素的任何新性质，更没有提出关于元素及其结构、相互关系的新理论。换句话说，他并没有对那时的现有知识加

[⊖] 庞加莱在60多年的生命中撰写的著作数量与德鲁克相仿，且同时身兼物理学家、数理天文学家、数学家、科学哲学家四重身份，在每个领域均有着无与伦比的贡献，离世之后下葬于先贤祠。在科学哲学领域，人们又将其译为彭加勒。——译者注

以组织,并据此开展自己的工作。

倒是前人的努力都在遵循这一方向,希望从 19 世纪化学的混乱当中找出一种秩序。而劳尔·梅耶(Lothar Meyer)等多位知名人物更是为之努力多年,但除了徒增困惑之外根本一无所获。门捷列夫转而将研究思路变为:要想对已知元素加以排序,我们需要假定有哪些未知元素存在?

科学教科书总在强调门捷列夫的理论在预测"未知元素"方面效果非凡,能准确地预测那时依然未知的 29 种元素的质量和属性。但他们很少提及的是,他其实是基于未知元素来对已知的 63 种元素加以排序,而非从已知元素推断未知元素。他的卓越贡献全都建立于对未知领域的有效组织之上。

当然很少有人能做出与门捷列夫匹敌的贡献。但如今我们却可以通过系统化的努力,在更低层次上,实现 90 年前全凭个体天分达到的孤立而难以明言的成就。其中的一个例子便是"二战"期间通过曼哈顿计划实现原子弹的研发。绝大多数核专家都明白哈恩(Hahn)和迈特纳(Meitner)所实现的核裂变为研发原子弹创造了可能。但原子弹的研发却需要对未知领域加以系统化组织,需要决定应该知道哪些方面的知识,需要推断可能出现的情形和含义,需要对每个未知部分进行有组织的研究。小儿麻痹症疫苗同样也是有组织的针对性创新的产物,研究者为此与未知领域奋战了 20 年之久。在这类研究中,研究者都需要问自己下述问题:通过对哪些今天依然未知的知识做出假设,便能从已有知识的混乱局面中找出一种秩序?换而言之,哪些知识是我们接下来需要了解的?

对各类创新方法和工具的探讨已超出本节的讨论范围。以运筹学为例，这是一门将逻辑和数学方法系统地用于风险决策的学问。它源于"二战"期间的英国，这绝非偶然。当时英国将大量经过严格训练的人才投入战略和武器问题的研究中，但他们对所研究的问题几乎一无所知。比如让生物学家、心理学家和数学家去研究飞机配给和反潜防御。

另外，还有诸如"关键因子分析"之类的方法，通过它们，我们将会知道需要哪些新知识，而又有哪些看似无关的知识有助于解决当前遇到的问题。

> 目前，我们还无法建立高效的太阳能发电厂。不过通用电气公司研究实验室的肯尼斯·金顿（Kenneth Kingdon）博士的研究揭示了：首先，太阳能非常充足，足够在美国为每家每户提供能源；其次，太阳能的成本和具有竞争力的价格各是多少；再次，可行的太阳能发电系统必须包含光伏转换单元和存储电池两类模块；最后，太阳能发电要想变得切实可行，光伏转换单元的成本必须降至当前成本的1%，电池成本则需降至16%。
>
> 上述研究结论显然无法让我们拥有太阳能，但却通过对未知领域的探索，让我们知道需要进一步了解什么。而我们也可以据此决定该项目是否可行，还需要哪些方面的知识和人力的投入，应该怎样分配时间和资金。从中我们甚至还能预测获取新知识所需的时间，需要哪方面的突破以及可行的突破口。

但其实创新的关键并非新工具，而是一种新观念：相信在这个宇宙中存在某种秩序，它决定着我们的想象力，也决定着知识的发现和创造；而这种秩序其实是一种模式，一种能在完全被认清之前加以感知的模式，对该秩序的感知乃是创新的基础。最后，该观念还假定：通过对未知领域进行有组织的系统探索，我们可以获取所需的特定知识和工具，以实现这种"蛙跳"式的感知。

创新的力量

创新就像添柴加薪，它代替不了火种。它无法取代源自天才灵光闪现的创造性活动，也无法仅仅依靠组织活动而实现知识的提炼和进步。

恰恰相反，创新的作用在于让天才的火焰烧得更旺，以及让改进、适应和运用知识的过程变得更为平稳。它抓住地平线上源自个体洞见的电闪雷光，将其化为永恒之火。与此同时，它为改进工作指明方向，并在对知识的乏味探索即将跃入新的想象力大门之际加以预先感知。事实上，创新工作让这一跃迁过程变得更有组织。

从抗生素的例子中，我们可以感受到天才的灵光闪现转化为系统创新后的威力。在这里，灵光闪现之处在于弗莱明（Fleming）对青霉素杀菌功能的发现，而创新则来自瓦克斯曼（Waksman）对未知领域的有效组织和深刻洞见。他将杀菌功能视为一类全新的生物化学反应，并将其作为抵抗细菌和治疗疾病的一种新方法，这花费了10年之久。可只要观念上的转变一旦完成，后续工作似乎全都展开于一夜之间：对新的抗菌微生物的研究；该类微生物需满足的特征；其生化反应的理论机理和潜在风险。

而解释前工业经济向工业经济转变的经济发展理论的提出，则为我们提供了一个创新如何改造现有知识的例子。10年前根本就没有这类理论。但如今，我们却有了一个足以让铁幕两边的经济学家都能接受的理论，尽管稍显粗糙和原始。不过不同于其他主流经济理论的是，经济发展理论的提出并不能归功于任何经济学家。它应该归功于创新方法的运用：界定目标；确定需要了解的内容；再通过大量细微的努力于不断改进中寻求突破。

创新并不能改变人类面临的固有限制，但却增加了人类的活动维度：设定一个以当今的能力和知识无法企及的目标；确定实现该目标需要做些什么；再通过有组织的活动加以实现。当然，人类从来就不缺创新。但新鲜之处在于，如今我们可以通过系统化的活动做到以前全凭灵光闪现才能实现的事，而这全凭对凡夫俗子的有效组织，而不像以前只能依靠少数天才。

创新大致可分为两类：在自然界中构建人造世界；对人类社会自身的创新。前者指的是技术创新，它基于对自然界的最新认识，为人类构建对其加以生产、控制和预防的能力。后者指的是社会创新，分析社会需求和机遇，并创造理念和制度来加以满足。在这两个方向上，创新都赋予了我们新的能力。它让新技术变得极具开放性，也让社会进步不仅局限于改革和革命。

极具开放性的技术

创新让技术变得极具开放性，变得随心所欲。通过技术创新，我们既能获得物质文明所需的最新基本资源，也能开发出满足特定需求的物质产品。这在更大程度上，让我们得以根据事先确定的人类、经济和社会目标来安排物质环境的各个要素，而非反其道而行之。

回顾一下现代技术发展史，我们便会发现，大约自200年前起，改变人类社会面貌的许多重大突破便开始逐一涌现。其中有些让我们得以对很多新的物理资源加以开发。例如，蒸汽机的出现让我们得以利用机械能，而电磁和电子现象的发现则为通信与远程控制铺平了道路。有些则作为智力资源，提供了某种观念和态度。例如，18世纪早期率先于英国推行的系统化农业模式，从伊莱·惠特尼（Eli Whitney）于1810年提出的可互换零件到如今以自动化为代表的生产模式，以及帕金于1957年开创性地将科学知识用于新型市场化产品的研发。

我们的工业文明立足于过去200年实现的10～15项基本技术突破之上。其中只有3项立足于对已有技术的改进：让航海变得可任意控制的经纬仪；18世纪末开发出的诸多机械化工具；1860年左右研制出的工业化炼铁。通过改进，我们得以更好、更快、更便宜地做到本来就能做到的事情。其他各项都是真正的创新，各自都提供了一种新的能力而非只是改进，都让我们做到了以前无法想象的事。

医药行业同样如此。自哈维（Harvey）发现血液循环及詹纳（Jenner）研制出天花疫苗以来，医药行业经历了10多次突破。每次都是一项飞跃，都让人们获得了新的视野和能力，都显著区别于当时的医疗知识和实践。

尽管根本性的突破很重要，但在人类理解和掌控自然的努力之中，这类工作往往只处在边缘而非核心位置。主要的人力、财力和时间其实大都被投入到对已有技术的改进当中。只有在极少数情况下，技术突破才会出自天才的灵光一现，而非持之以恒的研究。大众印象中发明家躲在自家阁楼上孤独探索的画面，仅仅只存在于漫画中。绝大多数做出技术突破的人都过得很好，其中很多人甚至还因此建立了一个庞大的产业帝国，其中包括瓦特、李比希（Liebig）、帕金斯（Perkins）、西门子、贝尔和爱迪生等。即便在据称到 1880 年前后依然极度抵制创新的医药行业，也极少存在未获认可的伟大创新者。但大众印象总是顽固地相信技术突破多出自外人之手，而非有组织的研究。

各类经济和技术组织之所以能实现有组织的突破，全都因为投身于创新活动。

> 我们知道只要对现有技术善加利用，全球食品供应将会大大增加，具体做法包括：在全球范围内采用已被证明行之有效的耕作技术和组织方法；将对温带物种的研究理念和研究工具用于改良全球一半人口靠其养活的热带作物和动物；推广各种经过测试的农场财务、谷物管理、农产品营销和运输方法，以降低目前占到一半农业产出的浪费、损失和破坏。事实上，只要真正做到了上述几点，全球粮食供给至少会增加两三倍。
>
> 当然，我们也知道随着人口及人均营养摄入水平的不断增长，上述方法最多只能支撑 50 年。
>
> 到时候，一些新的主要食品来源渠道将会闪亮登场，而这

将是真正的创新。我们知道，食物中的生物能来源于以光能形式存在的机械能，尽管对此我们尚未完全搞明白，而产生生物能的关键在于光而非土壤。故而海洋将会是一个未被开发的重要食物来源，我们可以在海洋表面构建以水产业形式存在的农业，以补充基于陆地表面的种植业。

事实上，我们预计水产业产生的生物能将比种植业还要多。因为阳光是生物能的真正来源，每英亩①海洋的产出丝毫不逊色于相同面积的陆地，甚至可能更多。海洋的面积相当于陆地的两倍以上，除了极地地区海洋全都可用，而绝大多数陆地根本无法耕作。

当然，上述分析仅限于理论探讨，只是以新的视角看待众所周知的古老事实。并且，全部分析完全脱离于海洋生物学的具体知识。接下来，我们就来看看需要哪些具体知识，以及该到哪里去找。整个农业全都建立在两类主要食物之上：植物和脊椎动物。对于水产业，却有三类：诸如海藻之类的植物；脊椎动物，主要由鱼类构成，而非鸟类和哺乳动物；海洋特有的非哺乳动物，如被归为"甲壳纲水生动物"的各种贝类，它们大量生活在广阔的海域中，一直充当着大型鲸鱼的主食。在将饲料转化为肉质和将碳水化合物转化为蛋白质的过程中，这类海生无脊椎动物的效率在所有动物中位居首位。

而后我们便可以了解到，假如对水产业的上述三类可行领

---

① 1 英亩 = 4046.856 平方米。

域进行切实可行的开发，各自在成本、生产方式和收成上的要求又是怎样的。然后，我们又会从中知道需要哪方面的知识，如此不断下去。在这一过程中，我们需要有组织的系统化工作。从中，我们甚至可以估计出需要投入多少时间、人力和财力才能实现水产业的大范围推广。

这仅仅只是一个例子而已。我们同样可以将类似的组织创新思路用于寻找新的机械能，或是用于创造人类生活的其他物质基础，如土壤和水的供应、天气预报和空间开发。在生活方面，则可以通过组织创新来保持健康，医治和预防疾病，以及开发更加低廉、有效的生育控制措施。

在所有这些方面，如果依次展开，看起来将会像对水产业的组织创新一样简单。当然毫无疑问，真正执行起来肯定复杂而艰巨，花上数十年也未必能成功。而这一看起来虽然简单的严格创新过程，在三五十年前还根本无人知晓。

与此同时，创新还可以用于另一种用途：材料和产品的开发。它让我们可以按照特定需求开发新产品，安排其自然属性。

作为化学的一个分支，高分子化学主要研究大型有机分子。在该学科的帮助下，人们开发出了合成橡胶和塑料纤维，并已成长为一个不断发展壮大的行业。这一过程同样以明确需求作为出发点：对具有某种性质的材料的需求，而该性质的已有材料全都无法满足。而后，据之确定所需的分子结构，并通过组织创新生产出该类材料。

例如，德国化学家齐格勒（Ziegler）发明的低压聚乙烯便采用了这一方法。该类材料对原有聚乙烯的分子结构进行了重新排列，从而获得了想要的新性质。

同样的方法也可用于医药研究。例如，生产某种能给染病器官或肿瘤组织造成"吃饱"幻觉的化学物质，该物质与该类器官组织所摄取的营养成分极为相近，但其成分却会让染病部分"饥饿致死"。

跟其他领域一样，电子和冶金行业也在越来越多地按需求开发材料和产品，而受此影响最大的往往不是具有重大根本性创新的材料和产品，而是日常产品。这两个行业正在依照对性能、市场、风格、价格和成本的理论要求，对材料和产品不断进行设计与再设计。

只要将基本生产方法和最终产品上的开放性合二为一，我们便能随意创造技术、企业甚至整个国民经济，而不用再费力去适应既有资源和产品。

传统经济学家（包括马克思）都信奉一条公理，那便是：可得资源决定着该生产什么，并且既有产品决定着所需资源。这一点至今仍为多数经济学家追从，不过这一经济学观点明显带有笛卡儿式世界观的特征。按照这一观点，如果你手中有钢铁便能生产很多种产品，而生产这些产品，你手中又必须拥有钢铁。唯一能选择的只是将钢铁用于何处。任何时候，都该有一种对钢铁使用情况的最优配置，一种确定的最优固定配置，恰如对各种资源的需求一样。

随着创新的出现，这种决定论观点正在迅速发生改变。如今，我们正越来越多地根据需要而决定生产的最终产品，并据此寻找需要用到的原材料。同时，我们也日渐可以自行搜寻原材料，并自由决定将其用于何处。当然，显然也会有所限制。但如今的限制比以前要少得多，在原材料和产品之间有着极大的空间，以至于国家、企业和技术专家在做决策时可以假定并无任何限制，丝毫不用顾及既有知识和传统做法所带来的约束。

纸张被广泛用于书写、印刷和包装，对工业文明而言，它跟钢铁一样必不可少。而在以前，纸张必须取材于温带树木。没有这类树木的国家要么依靠进口，要么干脆不用纸张。

如今，我们却可以这样发问：纸张由什么成分构成？本地有哪些材料可用于生产这种成分？结果，如今我们可以将甘蔗渣等一切含有纤维素的原料用于造纸，甚至不含纤维素的原材料也行。

今天，我们生产出可代替金属的塑料，生产出可作为纺织纤维的玻璃，生产出各种各样的东西。在这一过程中，我们不仅考虑技术可行性，还考虑经济可行性：确定成本要求；决定原材料供应、市场环境和生产过程应满足的要求；分析在多大程度上能真正实现。

我们已经深切地感受到，过去那种资源和最终产品相互决定的传统已经终结，取而代之的是对资源和最终产品有意识的规划。对"最佳"资源配置的传统看法，如今已让位于对诸多选项的选择。而这些选项本身又是人类决策和行动的产物，而非上苍赐给的资源。所有国家和行业中的每一家企业全都置身于这一转变之下。

目前，还没有任何经济理论致力于解释这类抉择。不过，投入产出分析之类的分析工具经发展之后却有望担当此任。而这同样也是企业家所谓"长期规划"的内容所在。

从改革到社会创新

对于盟军在"二战"中所取得的胜利，《租借法案》㊀的作用堪比各类新式武器之和。该法案的推行让各国得以全力备战，极大地增强了各国国民的自豪感和动力。而战后西方世界的复兴则起源于《马歇尔计划》，而非原子弹。这两项方案都属于社会创新，它们对我们这代人生活的影响丝毫不在任何技术创新之下。

而帮助苏联确立超级大国地位的，是其推行的一系列社会创新。比如农机合作社、五年计划以及推动其经济发展和军事进步的大众教育观念。

如今畅行于整个世界的经济发展，则是另一类新的社会观念和社会创新。发达国家在过去25～50年出现的巨大经济变迁同样源于社会创新。卡特尔和反托拉斯法是一种社会创新。在美国，各个行业所推行的大众生产、分销、研发以及基于投资信托和退休基金的大众持股极大地改变了当今社会。这些同样是社会创新，正如政府在经济中的角色定位

㊀《租借法案》是"二战"期间，在英国偿付能力即将耗尽之际，为继续为英国提供战争所需武器、装备，美国于1941年3月11日在参议院通过的一项法案。该法案中约定，美国为英国提供武器装备，而英国则在战后以实物偿还。称之为《租借法案》是因为这一叫法合乎法案的真实内涵，实际上，其真实名称为《进一步促进美国国防及其他目标的法案》。——译者注

的新观念一样。"生产力"的概念也是社会创新，尽管推动其发展的工具皆源自技术，至少部分源自。

整个资本主义世界都沉浸在新的制度、商业企业以及确保人力资源有效利用的管理过程当中，其实苏联也同样如此。

而在更低层面上，经这一两代人之手而取得巨大成功的企业，那些从街角小商店发展而来的大企业，同样也基于社会创新。英国的马莎百货公司（Marks and Spence）和美国的西尔斯-罗巴克（Sears Roebuck）公司建立于大众市场理念之上；大众汽车公司立足于欧洲正经历的交通革命；IBM公司崛起于办公室工作的组织化和信息化理念；荷兰的飞利浦公司成长于经济一体化及其对新产品的需求。

社会创新在令人瞩目的个人成功故事中也居功至伟，创造了一个又一个让人艳羡的超级富豪。从20世纪初的英国出版大亨和亨利·福特，到如今发家于能源运输的众多希腊船王，其发家致富的历程全都源于对新的社会要素的配置方向，以及对新的社会机会和需求的准确预见。而后，他们根据新的社会需求创造出所需的技术、财务结构以及新的销售和服务方式等。

社会创新也不是什么新东西，它在历史上至少有着与技术创新相当的影响和重要程度。若非17世纪末保险业作为社会创新产物出现，工业经济的到来简直无法想象。如果不能免于承受自然灾害、水灾和火灾，免于承受沉船和冰雹所带来的风险，我们根本经受不住经济变革所带来的风险。但是，在过去的几十年间，社会创新明显变得更多、更快、更常见。

如今我们正在进行有组织的社会创新，所有的大型企业、工会联盟和政府机构都正参与其中。很少有企业清晰地认识到这一点（通用电气公司是我所知道的唯一例外，该公司有意识地将其总部员工定位为社会创新者）。但所有大公司都正致力于这个或那个领域的社会创新：组织结构、市场营销、管理方法研究、分销成本管理、财务政策、人际关系、数据处理、管理教育和国际经济发展。当然，很多小公司也在这么做。同样在做这件事情的还有政府、大学、医院和军队。

若非我们业已获得有意识地进行有效系统创新的能力，这些努力全都微不足道。尽管我们还不知道新获得的这一能力是什么，但我们知道它是一种方法而非灵光闪现，是一种想象力的运作规则而非艺术才情，是一种有组织的协同努力而非好运降临。最为重要的一点，它是一种让我们设定目标，并通过有组织的活动来实现该目标的方法。

在这方面，"二战"以来美国涌现出的诸多新的独立研究组织便是一个重要的标志。斯坦福研究院、阿瑟·里特研究院、兰德公司（美国空军的一个辅助机构）全都在致力于社会创新和技术创新的融合，其成员包括各类社会科学家和自然科学家。在这些机构当中，管理专家、营销专家、经济学家、历史学家、物理学家、地理学家、化学家、生物学家和数学家一同在并肩努力。

就在20年前，这样的事情还根本无法想象。例如在20世纪30年代，当对美国最庞大、最古老的通用研究机构（美国农业部）进行改组时，自然科学研究和社会研究还是明确分离的。而即便是美国南方和西南部最为成功的区域研究机构，其研究范围也仅限于原材料、产品和生产过程方面的物理学研究。战后研究机构的超常增长和巨大成功，应该明确归功于对社会创新的涵盖。

社会创新的作用非常类似于技术创新。它让社会组织更具开放性，让有组织的、向新的社会目标跃迁变为可能。在其协助下，人们得以开发出具有特定用途的社会工具和社会制度。它让我们有机会在实现特定社会目标的各条路径之间做出选择，也让我们有机会选择用给定的社会方法和制度去实现什么样的目标。

25年前，我们只知道一种为工业社会负担现代医药和医疗护理成本的方式：政府提供国民义务医疗服务。在这方面，唯一的问题在于如果不这么做，是否会存在问题？而结论也很明显：随着现代医疗的兴起，全方位的获取医药和医疗服务已成为人心所向且极有可能实现；只是除了少数富豪，医疗支出对绝大多数人而言都是个巨大的问题。循着这一逻辑，所有的欧洲国家都建立了政府运营的国民医疗服务体系。

若是遵循上述逻辑，美国也该早就这么做了。不过，我们却将问题界定为让所有人都承受得起与看病有关的直接支出，并进而将需求界定为医疗护理服务应该进行预付费，并且风险应该尽可能的分散。我们进而发现这两点完全可以做到，因为疾病的概率分布是可以预测的。事实上，那时存在的所有国民健康计划全都基于某种保险原则。

于是，我们将需求具体定义为：让病人具有自主选择医生的自由，让医患双方保持专业服务关系，并让医生在合乎职业道德的范围内具有自主设定收费标准的自由，同时设定一定的地区和私人控制原则。

而后我们便可以设计出一个又一个新的概念和工具：率先在就业群体中推行，然后扩展到全部社区的自愿住院保险；覆盖"常见"疾病的自愿医护保险；专为得病率低但治疗费用巨大的大病设置的大病医疗支出保险以及各种各样的其他医疗计划。为此我们还创设了很多新的制度：在保持各类医疗计划和保险公司自由竞争的同时，实现自愿性社区合作的"蓝十字"和"蓝盾"计划。

以上的每一步都服务于某一局部目标，但又全都服务于全局性的最终目标。

不过，上述体系也存在一些问题，医疗需求并不能得到完全满足。为了实现让所有人都免受医疗负担所累的目标，政府还得对特定对象实施救助，对部分重病群体实施再保险，其中包括超高龄群体和饱受重大精神疾病困扰的人群。极端贫困且经常失业的群体也难以被现有医疗计划覆盖，他们的需求只能通过免费医疗、慈善医疗和政府救助基金来加以满足。而对于带着年幼儿童的寡妇，除非她有工作，不然我们现在还真不知道如何为其提供医疗保险。我们的体系还存在很多缺点，这一点很像别的政府医疗体系。

不过，通过这一体系，我们已经解决了医疗问题，至少解决了其中的绝大多数,并且花的钱一点都不比最高效的政府医疗体系多。而在这一过程中,我们还强化了我们的社会价值观:保持专业独立性、确保地区自主、实现多元化竞争,姑且不论这些观点很重要、很有价值的假定是对是错。

在这里,美国所解决的社会问题跟欧洲国家遇到的一样,所要实现的目标也一样。不过我们用于设计"产品"的资源却是美国所特有的:美国社会的价值观和行为习惯。

关于以相同的资源设计出差异极大的社会最终产品,还有很多例子。例如,马歇尔计划所用到的贷款、专家意见和跨国管理委员会都不是什么新东西。但其"产品"却是全新的,而这全出自为实现创新目标的有意设计。另一个例子是欧美公司中日渐崛起的跨国企业,它们采用的手段是早已有之的:贷款、专利权保护和投资,压根没涉及什么特别的技术和产品线,但它们却成了发展中国家经济发展的发动机,并且成了发达国家经济增长的重要支柱。

如今的欧洲有望重现统一气象,其间并没有用到征服和让人目眩神晕的俾斯麦式外交手腕,也没用到革命暴动。而仅仅只通过有计划的设计和发展出诸多共同纽带:建立煤钢共同体、共同市场、欧洲原子能机构等为特定目标而设立的共同机构;发展共同利益;培养共同的历史经验。这些增进欧洲福祉的举措所用到的资源还依然是国家利益、国家忠诚度、国家传统等老一套,尽管正是这些东西曾让欧洲长期陷于分裂。

全球各个贫困农业地区为共同提高产量而自愿建立起的合作惯例,则是另一类范围更小但可能却同样重要的创新。这些地区以前确实也有浓厚的合作惯例，不过这些惯例仅用于保持风俗。而在以前，要想推行什么新东西，唯有依靠政府自上而下。

而如今，这些地区有望通过这类合作，做到很多极易办到的事情：挖水井；修建田间公路；引进更好的种子。这些事情虽然简单，但其可能产生的影响，却远远超乎为此付出的努力。不过要想实现这一点，却需要将社区合作习惯的应用方向从阻止变革和进步，变为促进变革和激发进步。而这便需要让农民看到这些新做法的前景和功效。

从最后一个例子中，我们可以看出社会创新与旧的社会变革方式（改革和革命）的区别。它不同于改革的地方在于：其目标并不是弥补原有的缺陷，而是创造一些新的东西。其不同于革命之处在于：它并不以颠覆原有价值观、信条和制度为目标，而是采用传统的价值观、信条和习惯去创建一些新的东西，或是以一种更好、更新的方式去实现原有目标，而原有的习惯和信条则会在此期间渐渐改变。

除此之外，社会创新还能做一些改革和革命都办不到的事：为我们提供一种方法，一种既可以用来确定能做及该做什么，又能用以确定其实现路径的方法。

其实，相对于技术创新，我们更需要社会创新。我们身处的这个后现代社会面临着很多挑战，它们全都是创新的沃土。无论改革还是革命都无力应对这些挑战，唯有真正的社会创新才可堪重任。

创新是一种新保守主义吗

创新充满风险。它需要马上投入资源，而结果却以高度不确定的形式存在于遥远的未来。在实施创新时，所有活动和行为都为了将来才可能出现的某种潜在现实，可在当时它根本不为人所知。

创新可定义为：人们为了在思想观念或自身所处世界中构建某种秩序，而从事的具有一定风险的尝试行为。它以必将承担一定风险的刻意行动，来代替此前对"盲目尝试"和"必然进步"的信奉。"盲目尝试"的做法流行于现代社会出现之前，文艺复兴时代将其称作幸运之神对人类命运的眷顾。"必然进步"则是近期为人信奉的一种观念，但同样也已过时。这两种观点都丝毫未对机会和风险加以考虑。

这是一种非常大胆的行为。它需要承担的风险不止一类，而是三类：被创新击垮的风险，又称作暴露风险；创新失败的风险；最为严重的，还有创新成功的风险。

创新风险

被创新击垮的风险（暴露风险）

创新会在一夜之间改变现有秩序，让原本牢不可摧的惨遭遗弃，让原本微不可闻的风行一时。

> 经济学家告诉我们，效率和卓越的管理表现是当今大型企业的内在成长动力。即便企业已不再具有进取精神和竞争力，这一动力仍会让其在很长时期内保持强大。这里面其实内含玄机。
>
> 30 年前名列最大 100 家制造企业的美国公司，如今超过一半都已悄然退出该榜单。有些早已烟消云散，另一些则远远落

在了后方。取代它们位置的，则是30年前默默无闻的小公司，或是于这30年创立的新公司。这些新企业之所以能达到现有地位，靠的并不是财务运作，而是新技术、新流程和新产品。而这些，全靠创新！

创新的发展，带来了暴露于创新之下的风险，而这类风险正在改变着国际政治和国际经济的性质。拜其所赐，国际局势及国际势力的对比平衡随时都可能被瞬间改变。这种改变，可能发生在世界经济上，可能发生在资源和交通条件的地理分布上，也可能发生在各国的政治、军事和工业实力对比和国内政策上。各国的国际地位都有可能在一夜之间发生剧变，即便是最大最强的国家也难以幸免。

当然这类剧变在历史上也曾发生过很多次，只是并不像如今那么频繁。在以前，导致剧变的原因不外乎神秘的历史事件、一国的活力衰落或另一国创造力的突然爆发、外敌入侵、商业路线的突然改道等。长期以来，这往往都源自新技术的引入，尤其是军事技术。不过，这类在过去并不频繁发生的由技术革新催生的"转折点"，如今却成了随时都要面对的危险之源。曾经的副产品变成了有意追求的目标，而以前的幸运女神则化为了洪水猛兽。

这一变化不仅发生于国际环境，它同样也发生于各个国家和经济体内部的所有机构、群体和势力当中。任何技术、行业和企业都面临着未获警示便遭遗弃的风险，而带来这一风险的则是涌动不息的技术创新和社会创新浪潮。

这种风险根本无从规避。恰恰相反，任何阻碍或忽视创新的行为，都只会让风险变得更大。我们更不能将其视为"日常小事"而简单对待，必须正确面对并为之做好准备。

创新失败的风险

现在我们来看看与创新活动相关的第二类风险，创新失败的风险。

创新其实是一种对未来做出预期，并将自身的资源、努力甚至命运与这一预期绑在一起的行为。但谁也无法预测未来，更不可能去控制未来，故而创新有极大的可能会以失败告终。导致创新失败的风险有很多：错误的预见、设计上的缺陷、不成熟的时机、无法得出预计结果、无法按时得出结果等。

不过，或许最残酷却也是最常见的失败风险却是：创新活动完成得近乎完美，但在其完成之际却早已过时！这可能源于特定事件的发生，可能源于知识的增长，也可能仅仅因为随着时间的流逝它已变得不合时宜。这也解释了为何如今我们所经历的巨大医学进步中，大多不是出自30年前的专家认定的主流医学研究项目。

暴露风险和创新失败的风险合在一起，让我们面临极为尴尬的局面。要想防范被大力投入创新的对手击垮的风险，就必须快速投入多项创新。而这，就需要将更多的资源投入一场失败远多于成功的赌博！

创新成功的风险

不过，暴露风险和创新失败风险都没有第三类风险大，而它便是创新成功的风险。

创新并不会创造出新的自然规律，其主要目的也不在于发现新的自然规律，而是将自然力量用于实现与满足人类的意图与需要，同时也将人类社会的价值取向、信念和制度用于该项目。

而一项成功的创新除了带来意料之中的影响，会不会产生别的影响？会不会导致预期之外的新变化？会不会影响到社会结构、信念和社群关系？

我们来看个小例子，高效杀虫剂 DDT 的发明曾被当成是个巨大的进步。它的出现让控制带病、有害昆虫的创新意图得以真正实现。不过让人意外的是，这种新的杀虫剂对害虫、益虫全都不放过，既杀携带疟疾的蚊子，也杀蜜蜂。这一意想不到的结果不但威胁到无食可进的鸟类，还因为杀光了授粉昆虫而威胁到多种花草树木，其中便包含了绝大多数的果树。

由此可见，创新不仅仅带来了机会和风险。最为重要的，它还意味着责任。谁也无须为机会负责，谁也无法对其改变分毫。对于必然出现的进步，人们要么张开双臂热情拥抱，要么痛惜怎么会变成这样。除此之外所能做的，最多也就是加以延缓。但创新却出于我们的特意选择，故而也应该对其结果负责。

最基本的抉择是对创新手段和创新目标的价值评估。由于创新让技术和社会结构变得极具开放性，故而我们需要不断探寻创新的价值所在。我们的目标在强化还是削弱社会传统？该设定更高的目标，还是权宜从事？

当然，也有一些价值目标确定于创新决策之外的领域。市场经济下的企业家必须以利润最大化为目标，而计划经济下的企业管理者则更倾向于完成生产任务。不过，这两个目标其实都难以进行清晰无疑的度量。

长期盈利与在一两年内保持盈利大不相同，这里面蕴藏着极为根本的价值取舍。同样地，生产任务的度量指标也有很多，数量、价值、质量、成本，究竟该怎么选？诸多证据表明，苏联人在选取生产任务指标时的意见分歧，丝毫不逊色于市场经济国家内部对利润指标的理解差异。

不过，所有社会创新都避不开价值判断，在选定目标、给出限定条件、制度建设和方法选取时都会涉及它。因为所有的社会创新，无论推动者是政府还是学区、企业或工会，全都在表达对个人和社会现状及其改进方向的某种见解。

故而创新有着极深的伦理内涵，正如它是一个智力和艺术感知过程一样。正如最近一本见解独到的著作⊖所指出的那样，创新往往需要做出价值判断，并进而决定怎样做才是对的，而这又会用到与此相关的伦理准则。传统的伦理学，无论哪个学派，全都致力于给出给定环境下的正确反应。而创新所面临的伦理问题却是：什么样的社会环境才合乎伦理准则？

多数哲学家都承认自斯宾诺莎⊖（Spinoza）以来，伦理学便再无大的进步，尽管该领域迫切需要新的理论。在之前那个由"必然进步"主导的时代，还并不需要人们在做出理性决策的同时，确保该决策合乎伦理规范。但如今，我们非常渴盼伦理学出现大量具有根本性进步的新作，创新活动急需它们的指导。

⊖ 《政策决策中的伦理》（*Ethics for Policy Decisions*），利斯（W. A. R. Leys）著，纽约，1952。

⊖ 斯宾诺莎一生以磨玻璃镜片为业，但其撰写的《伦理学》一书却具有划时代意义。在该书中，斯宾诺莎由最基本的伦理准则推导出了全部伦理规范，从而实现了伦理学的公理化体系。——译者注

计划还是无计划

创新所具有的风险和责任，意味着我们要对创新活动本身进行大的创新。如果只看第一类创新风险（暴露风险），那么非常有必要对创新活动加以合理计划。不过第二类创新风险（创新失败的风险）又意味着我们需要摒弃一切形式的中央计划，转而让大量局部计划相互竞争。而衡量创新成功所带来的影响的第三类风险，却暗含着需要以一种新的态度看待变革，需要一种新的面对社会变革的政治观，一种新保守主义的观念。

25年前，有个叫芭芭拉·伍顿（Barbara Wootton）的社会主义经济学家曾写过一本名为《要不要计划》（Plan or No Plan）的小册子。这本小册子在公众和政策制定者中产生了极大的影响，至少在英语国家这么说绝不为过。她的论述极为简单：计划必不可少，故而很有必要通过中央来控制社会和经济。因为在她看来，如果不采取自上而下的中央计划，那么整个世界将陷入"无计划"的疯狂的自毁乱局当中。

她的论述实在太过天真，即便在当时看来便已错漏百出。但就在前些年，类似的观点依然时常出现，而且信奉者也包括美国的企业界。正是在它们的大力支持之下，富兰克林·罗斯福才得以通过国家复兴署（National Recovery Administration, NRA）制订并推行以中央计划形式存在的经济振兴方案。

从多数西欧国家的情况可以看出，经历过中央计划的国家若被赋予自由选择的机会，它们大多会做出新的选择。因为它们所见到的现实与理论描绘的秩序井然、和谐高效相差极大。不过，不再采用中央计划并不意味着没有计划，而是代之以自主控制的计划。

计划如今依然无处不在，制定长期规划甚至已经成为企业家最为核心的工作主题。每天我都会收到大量邮件，它们全都是世界各地知名企业长远规划的讲稿或文章，这些企业遍布于英、德、法、意大利、丹麦、西班牙、葡萄牙、日本等国。如今越来越多的企业建立起自己的长期规划部门，而越来越多的城市也开始这么做。

绝大多数大学都在按照长期规划展开工作，同样这么做的还有医院、学区、研究实验室、专业协会、报刊、国际组织、军队、政党、政府部门和律师事务所等。实际上，制定长期规划已经成为一种时尚，以至于在华盛顿流传着一句嘲笑长期规划但却语含真知的话："要是我们不想做一项工作，那就为它制定一个又一个的长期规划吧。"

不过很多时候，人们其实并没有弄懂什么是计划，该采用哪些方法。人们常常将计划与对变幻莫测的商业周期的盲目预测混为一谈。另一种错误的做法是认为未来会重复过去的趋势并据此做出计划，却忘了清楚地认识到"将来不同于过往"才是计划该有的起点。还有一种极为常见却异常危险的论调是"计划的目的在于消除风险"，计划实际上正在创造并承担风险！

当然，随着对计划功能和性质与日俱增的了解，我们对制订计划的工具和方法的知识也正了解得越来越多。我们已经逐渐学会区分"计划"和"预言或预测"，学会区分"希望发生的事情"和"能促成其发生的事情"，学会区分"盲目赌博"和"根据既有信息对风险做出判断之后的理性抉择"。我们已经逐渐懂得计划的目标并非"使现有的一切化为永恒"，而是"预测和促成新事物的出现"，是创新！

而"唯一能抵御暴露风险的保护措施便是进行创新"，乃是我们至今学到的最为重要的一点。只有主动进攻，我们才能免于被持续存在的创新击垮。关于这一观点，最好的表达或许来自企业界：改变公司运营所基于的管理理论，并据此对公司的职能、目标、产品、市场和组织做出创新的时点，应该是公司最成功、利润最多之际。因为所有管理理论最终都会过时，而如果等到公司走下坡路时再去改变，那就已经太迟了。

而要真正做到这一点，就需要怀有一种非同寻常的态度，需要一种极为珍贵的洞察力：在成功之时进行主动的检讨和质疑，但这也是战胜创新风险的唯一态度，虽然并不容易做到。例如，当一国的外交政策遭遇失败时，很自然便会想到对其进行全盘检视，随便找个时事评论员都会这么做。但当一国的现有外交政策极为成功之际，创造出一个新的超越现有政策的概念就不那么容易了。不过，这却是避免失败的唯一办法。而制定长期规划的目的，则是为了将这一态度融入有组织的连续系统创新活动中去。

局部计划还是无计划

由于创新风险的存在，我们不能在中央计划和无计划之间，而应该在中央计划和局部计划之间做选择。但创新失败风险的存在，却又让我们的选择范围变为了局部计划和无计划，因为此时无计划甚至强过中央计划。

一旦存在创新失败的风险，中央计划根本无从制订。强行制订的结果只会导致混乱和暴政，其预想中的确定性根本就不会出现。此时任何单独的计划都无法承受未知命运的重量。或许当我们投入资源去博取一个具有高度不确定性的未来结果时，当我们将全副身家用于获取未知能力去达成目前还不可能实现的目标时，我们是该制订个计划。但指望某个计划一定能得出正确结果却实在是愚不可及，而指望某组计划人员能做到这点同样好不到哪里去，无论他们为此比较分析过多少种方案。通过简单的权衡我们便能知道，与其这样孤注一掷地赌博，还不如毫无计划地随机选择。

更有甚者，为了更好地实现其计划目标，中央计划者将被迫控制一切，任何不可控的因素对他而言都将是潜在的危险源。中央计划者很可能会由此走向专制，绝对的权力只会带来对权力的更大渴望。即便计划者不愿实施专制，为整个经济或社会制定的中央计划也会迫使他不可避免地向其迈进。中央计划的范围越广，前面的风险越大，它便越难成功。

30年前，很难预料到医药领域近期会取得如此巨大的突破。初看起来，这一突破似乎为反对有组织的系统创新提供了论据，但该领域的主要突破全都出自天才的创新举动，而非仅仅源于凑巧。如果所有的医药研究都遵循某个或一群人制订的中央计划，那这些突破便绝不可能出现，无论计划制订者多么知识渊博、聪明和负责。这些突破的实现，只因为研究计划是由大量专家同时、自主制订的，是一种局部计划。从这个例子中我们可以看出，中央计划在创新活动中毫无用武之地，而局部计划才是应该采取的合理形式。

在这里，我们关注的重点是控制权而非所有权，是中央计划而非国有化，尽管它们常常相互关联。在这方面，由遍及全国的工业卡特尔（例如罗斯福的国家复兴署）制订的中央计划，其实跟专制统治下的中央计划一样恶劣。这不仅表现在人们已经唇枪舌剑了很久的经济领域，还表现在创新上。无论是技术创新，还是经济、政治和文化制度方面的社会创新。

创新的存在限制了中央计划的作用。当一国在效仿另一个更发达的国家时，它便很可能采取中央计划的形式。尽管这有着很大的风险，而且这可能还会导致国家陷于专制，但中央计划还是有可能制订并加以推行的。不过当创新成为一项深受推崇且必不可少的活动之后，中央计划便不再可行了。

当目标非常明确、执行期很短且计划成本无关紧要时，中央计划也是可行的。这方面最好的例子便是战争。毫不奇怪，制订中央计划的想法其实源于"一战"，尤其是其间美国和德国所建立的战争工业委员会。不过即便在战争时期，针对创新活动制订中央计划的做法也依旧与既有经验相悖。只有在涉及现有、已知、可获资源的使用时，才会制订中央计划。

丘吉尔之所以能在战争时期成为一名强大的领袖，很大程度上就源于他深悉此道。他亲自制定了许多细致入微的集中决策，实现了对既有资源的完全控制。但在所有创新领域，无论是技术、战略还是社会创新，丘吉尔都在鼓励、激发、推动和维护相互竞争的分散化自主决策。

我们反对中央计划，但并不反对设置诸如国家政府部门、军队总参谋部或是企业最高管理层这样的核心部门。恰恰相反，如果没有核心部门的有效工作，根本无法进行全局性规划。核心部门必须通过制订计划来完成其工作：政府部门需要制定外交政策和国防政策，大型企业需要确定其基本经营目标、财务政策和组织结构,因为核心部门也同样面临着暴露风险和创新失败的风险。

除此之外,核心部门还必须立足于各个部门的共同利益,协调、平衡和引导好各类局部自主计划。它必须做出最终的风险决策,为各个部门设定行为和绩效标准。最为重要的一点是,核心部门必须鼓励各个部门制订各自的计划,而不是漫无目的的行动。但是,核心部门绝不能自行为各部门制订计划,也不能强行为各部门的计划制订标准,而应该鼓励它们独立制订竞争性的多样化计划。

关于中央计划和局部计划权力范围该如何划分,存在着大量的分歧。这类分歧在国际和国内事务中能见到。大学中的核心部门与院系部门、单个学者之间存在分歧,大公司的最高管理层和各个分部、职能部门、单个管理人员及专家之间也存在类似分歧。当然,关于社会、政府、军队、大学和企业应该如何通过内部的合作、竞争和自主决策来实现多种创新,还有极大的争论空间。不过,应该遵循的原则却非常简单明了:创新的风险实在太大,绝不能在创新时追求集中统一,而应该通过具有差异化和竞争性的局部努力来实现,这应该是一个局部自主选择的过程。

尽管说了这么多,但中央计划其实并非当前的主要问题所在。更为现实也更困难的问题在于:在进行局部计划时,我们该在多大程度上加以"局部化"?如果范围定得太窄,则局部部门将不具备创新所需的视野和资源。如果订得过大过宽,则局部计划其实就是中央计划。

> 苏联最近宣布了一项让各大地区自行制订各类计划的政策。

几乎可以肯定的是：这项政策是错的，而且执行效果肯定好不到哪去。一方面，这些地区实在太大，内部有着极大的差异。另一方面，相对于全国性的行业和真正的技术创新，它们又显得太小太狭窄。

苏联最负盛名的物理学家彼得·卡皮查（Peter Kapitsa）曾公开反对以分散化的形式进行技术研究，尽管他并不喜欢中央计划。他预言，分散化的结果只会让研究转而为地区利益和现实需要服务，根本不会带来任何实质性的创新。

与此同时，苏联很多大企业的管理者同样谨慎地提出抗议。他们认为这样的分散化还不够彻底，各个地区依然在制订各自的中央计划，应该让每家企业自主制订各自的局部计划。

对于那些了解市场经济国家的政府、军队、大学和企业的人，上述争论会让他找到某种熟悉的感觉⊖。

制订局部计划的最佳单位之所以这么难找，是因为目的不同则最佳计划单位也不同，而这也是它如此重要的原因所在。要想找出最佳计划单位，并无既定公式可用，也没有统一标准可循。

局部计划或许会显得极为无序、非常不合逻辑，甚至显得像是对资源的一种浪费，但所有最伟大的计划者都知道事实并非如此。多样性和竞争的存在使得自然界得以抵御生存风险。如果只存在一种植物

⊖ 这段资料写于 1957 年，就在那 7 年之后的 1964 年秋，地区分权的失败导致了赫鲁晓夫的垮台，而继任的新领导人所提出的核心经济政策便是"让所有大型企业全都自主决策"。

和一种动物，那世界自然更为有序。但当强大的恐龙屈服于环境变迁之际，另一些不知名的卑微物种取代了它们的位置。作为如今各类哺乳动物的祖先，这些物种的优势在于在某个毫无用处的方面进行了创新：自行控制体温。

当然，如果每只母青蛙只产两三只卵，或者人类的精液中只包含一个可与女性卵细胞结合的精子，那么自然能极大地减少浪费。不过，为了抵御青蛙从胚胎成长为成蛙过程中所将遭遇的变幻莫测的命运，为了让精子能在艰难跋涉之后顺利找到卵子，自然界让它们成千上万地出现。正是这种多样性，这种有意地复制、结果导向的逻辑和合作性的竞争，才是自然界真正该有的秩序。

当创新的威力和风险刚刚展现之际，制订中央计划是人们采取的第一反应，但这其实是以一种笛卡儿式的手段来增进对后笛卡儿世界的认识：中央计划依然将世界视为一台机器。我们确实需要计划，但创新风险的存在却禁绝了中央计划的发挥空间，转而提出了对竞争性局部自主创新的需求。

中央计划试图规范我们获取新知识和能力的过程，其前提是假定创新过程遵循某种以效率为衡量标准的机械秩序，但对创造性活动的规划应该基于更高形态的秩序——生命，而其衡量标准则是创造性。创新的目的并不是简简单单地将投入变为产出，而是不断地化未知为知识、化无能为力量。在具体实施时，关注的核心问题应该是风险而非效率。

创新中的责任

或许，对于创新而言，最为重要却也最难把握的事情便是创新过程中应担负起的责任。说到底，这其实是一种政治责任。

如果价值取舍不可避免且意义重大，那么极具建设性的保守主义便是最有可能也最该奉行的立场。因为在这种情况下，我们需要担负起强化基本价值观的责任，需要强化建立于这些基本信条之上的风俗习惯；需要在尊重历史传统的同时，避免陷入食古不化的泥潭；需要尊重既有的道德信念，但又明白它们的弱点、缺陷和错误所在；需要有更高的立意和更长远的视野。而这些，都是保守主义者的传统品质。

在由"必然进步"主导的时代，存在着很多信奉保守主义的思想家：伯克、阿克顿、约翰·亚当斯、马歇尔、卡尔霍、斯塔尔、托克维尔。也有许多将保守主义奉为信条的伟大政治家，其中包括华盛顿、汉密尔顿、林肯、卡斯尔雷、迪斯雷利和梅特涅。不过，即便在有着盎格鲁-美利坚传统的国家，保守主义也始终未成为一股强大的政治势力。因为保守主义要么表现为一种纯粹的应激反应，要么沦为阻碍进步的守旧角色，从未充当过任何创造性力量。

当然也有例外情形，美国的华盛顿和英国的迪斯雷利都超越了保守主义的一般做法，各自以保守主义创新者的伟岸形象立于世人面前。但他们只是保守主义者中的个例，尽管这样的人自然越多越好。真正左右那个时代走向的，即使不是那些革命分子，至少也依然是那些更崇尚自由，带来了诸多根本性变革的人。

如今，传统意义上的自由主义和保守主义早已行之将死，意识形态上的派别之分也早已变得过时而毫无意义，而保守主义也绝无可能以任何形式重新复活。

但我们确实需要某种新形式的保守主义：保守主义的创新者！他能

接受创新，并且能承担随之而来的风险和后果。因为在当下这个由创新主导的时代，讨论需不需要变革或是该以怎样的速度变革早已毫无意义。真正需要讨论的是该如何变革，是变革该以什么为目标、该如何做！而这个时代，也是属于保守主义者的时代，因为他们相信衡量一个人的标准是他担负的责任而非其个人成就。

CHAPTER 3 | 第 3 章

超越集体主义和个人主义

新的组织

中世纪的道德剧似乎正重新登上历史舞台。在过去 10 年间,大众文化正变得越来越关注人际伦理和权力道德。只是这一次,主演不再是国王、主教、商界巨子和封建领主这些各据一方的人物,而是新涌现出来的各类组织中的大人物,其中包括公司副总、军队指挥官、工程师和销售经理等。他们既不着王公袍服,也不戴主教冠冕,而是握着公文包和计算尺。无论在收入、财富还是道德、举止上,他们都是现代社会的中坚力量。

他们为各自权力和职位所展开的相互竞争,以及其间所体现出的道德问题,如今已成为引人注目的大众话题,而且似乎这一切都发生在一夜之间。

他们是赫尔曼·沃克（Herman Wouk）的《凯恩舰哗变》（*Caine Mutiny*）中的主角，是自卡梅伦·霍利（Cameron Hawley）的《纵横天下》（*Executive Suite*）问世以来的诸多热门小说探讨大企业组织伦理时的对象，是被广泛追捧和热议的美剧《榜样》（*Patterns*）的塑造对象。

二三十年前，最受关注的社科著作全是关于经济学、心理学和文化人类学方面的，如今却是詹姆斯·伯纳姆（James Burnham）的《管理革命》（*The Managerial Revolution*）、肯尼思·博尔丁的《组织革命》（*Organizational Revolution*）、威廉·怀特（William H. Whyte）的《组织人》（*Organization Man*）和大卫·里斯曼（David Riesman）的《孤独的人群》（*The Lonely Crowd*）。而这四本书全都是关于新近涌现出的大型组织中的人际伦理问题的。

在苏联，斯大林谢世之后出现过短暂的思想管制松懈，其间涌现出的两本最为畅销的小说是爱伦堡（Ehrenburg）的《解冻》（*The Thaw*）和杜金采夫（Dudintsev）的《不单单是为了面包》（*Not by Bread Alone*），它们同样也以各类组织中的成员对伦理和道德问题的处理作为主题。

在英国，至少也有一位著名作家在关注这一主题，他便是斯诺（C. P. Snow）。他本人便是这类新型组织的领导者之一，在以公务员委员会委员的身份掌管着公务员队伍中的科技人员。斯诺在《院长》（*The Master*）、《新人》（*The New Man*）等小说中探讨了权力和责任的问题，同时还探讨了组织中的协作工作者的各类行为。⊖

⊖ 这方面的研究进展我很了解，因为这方面的早期研究文献中有一本我撰写的图书——《公司的概念》。当这本书于将近20年前（1946年）出版时，人们对把大型商业企业作为一类社会组织来进行严肃研究，以及将管理视为社会和经济的一项核心社会功能的做法依然非常陌生，更别提将其视为一项革命性举措了。

到目前为止，并没有多少人思考各类新型组织带给我们的意义和影响。多数人只是眼巴巴地看着它们冒出来，并不会去多想。很少有人意识到：借助这些组织，经过上一代人的艰辛努力，我们已经获得了一种新的能力。50年前，除了极个别的例外情形，绝大多数大型组织都只能在严格管理之下完成简单、重复地工作，任何需要用到知识和技能的工作都只能由独立的个人来完成，那些需要做出判断的工作更是如此。但如今，我们有能力通过可靠的判断，将具备极高知识和技能水平的人员组织到一起，让他们为共同目标而自愿地工作。正是这样的新型组织，构成了我们这个时代正在经历的系统创新的基石。

这种新型组织能力为我们带来了一个新的社会现实：一个新的领导群体——受雇的专业经理人，以及在他们的领导下同样受雇于人的专业人才。

它带来了新的权力形态，由此也产生了对新型组织伦理和组织法则的需求。

它还带来了新的社会问题：如何将同为专业人才的管理人员和专家在组织层面上集合到一起？而这很可能成为贯穿整个20世纪的重大社会问题。

它也为管理学科的发展创造了需求和机会。而其中的管理原则又需要同时兼顾系统性和人性化，既需要为此进行专门的研究，又得容许人们普遍接受这方面的教育。

除此之外，这一新型组织能力还为我们的社会创造了一个中产阶级。其中的成员在其各自的工作领域都是专业人才，但又都受雇于某一组织；各自负有一定管理责任，但从衣着、薪资、发展机会和价值观上看又都属于中产阶层。如果不算上统治阶层的话，那么这一由专业人才构成的中产阶层至少也是这个社会的中坚力量。

拜这一新型组织能力所赐，我们甚至还得改写经济学。如今，组织知识和专业知识已成为实实在在的"生产要素"。而"土地""劳动"和"资本"作为传统经济学中的三类主要生产要素，正日渐沦落为阻碍知识彻底发挥其经济效能的限制因素[⊖]。

最后需要强调的一点是，这一新出现的组织能力还有另一个功效：让长久以来一直存在于个人主义和集体主义之间的对立消弭于无形！因为它让我们重新思索个人主义和集体主义的性质，并为我们提供了一种在它们之间建立起牢固联系的新视野。

在本章接下来的内容中，我们就来探讨一下这个新的组织能力，以及因此出现的各种新的社会现实。

组织的能力

如今，最有能力且受过最好教育的大学毕业生正越来越喜欢进入大型组织工作，而其中大公司又是他们的最爱。在这类组织里谋一份工作，成了他们开启一生事业的理想选择。对于这一潮流，社会上存在很多非议，但大多缺乏实质内容。

无论如何，这一趋势至少说明了两点事实。其一，这些大型组织，无论是企业、公共服务部门还是军队，对具有较高知识、技能且能做出

⊖ 在本书出版的同一时期，经济学家舒尔茨和贝克尔创立了人力资本理论，而后的经济学家更是将人力资本作为一个重要的生产要素加入经济增长理论的研究当中，创建了20世纪八九十年代蓬勃发展的内生经济增长理论。而经济学家所称的人力资本，便是此处所说的知识。——译者注

独立判断的人才的需求正在明显增长。其二，具备较高的知识和技能的年轻人也越来越相信他们的学识在大型组织中更有用武之地。这两点在如今看来几乎显而易见，但它们确实是新近才出现的、极具革命性的事实。它们向我们充分揭示了大型组织的威力和潜能。

当今空军基地的运作情况，可作为揭示这一组织能力的最佳例子。在基地里，军队的传统军衔层级依然存在，其组织也依然表明决策、知识和命令全都出自高层司令官之手，再由上到下逐级传达并最终由底层军士忠实地加以执行。

不过，对于需要负责一个飞行中队地勤工作的地勤队长，真正能由司令官给出的命令又有多少呢？即便只是一名小小的士官，一旦担任地勤队长，他便需要运用高超的知识和技能，并做出独立的判断。尽管他既非司令官也非飞行中队长，但飞机是否能飞、需要做哪些飞行准备工作，却完全由他说了算。

司令官可以处罚地勤队长，将他降职，甚至撤掉他，但却无法命令他。在这方面司令官能做的，最多也就是驳回地勤队长做出的决定。事实上，在对地勤队长的管理问题上，司令官最为重要的职责便是：让他完全发挥其知识和技能，尽可能做出独立判断。相应地，地勤队长懂得越多，承担的责任越大，发挥的作用越大。

在一个现代化的空军基地里，有着数千名这样掌握决策技能且能自主判断的人员。他们的身份可以是飞行员，也可以是气象专家、广播员、医生、装甲兵、绘图员、冶金专家、数据分析师、运营研究员和心理学家。

他们每个人都在自己的专业岗位上各司其职，但又同时作为组织中的一员而与他人紧密合作。他们各自都有着不同的知识和技能，但都将整个组织的方向、要求和目标作为自己的行动依据，同时也对整个组织的方向、要求和目标施加影响，从而影响整个组织的绩效。

这样的军事组织如今正变得越来越具典型性。当然了，在军队里面，绝大多数军人依然置身于旧式风格的军事组织当中。不过在近期的作战和空袭行动中，以新型组织形式运作的新军种的作用正变得越来越大，其中包括航空母舰、装甲部队、伞兵部队和导弹部队等。

这其实是一个极具根本性的突破，这一点从近期上映的以托尔斯泰的小说《战争与和平》改编的电影中拿破仑军队的作战情景中便可看出。在影片中，法国步兵正面向博罗季诺高地上俄军的森严炮口发起攻击。在往前方的小山坡行进的途中，法军处在一片毫无遮挡的开阔地带。他们8人一排，8排构成一个方阵，眼睛直视前方，随着一声鼓点向前迈出两步。脑袋、手臂、大腿在空中四处横飞，一排排的士兵像割草一样渐次倒下。没有倒下的士兵依然直视前方，随着一声鼓点向前迈出两步，恍如机器人一般。拿破仑的将领也很清楚，如果让士兵自行寻找隐蔽物，并在两次齐射的间隙以松散队形冲上山坡，伤亡会更少，作战效率也会高很多。他们甚至羡慕能不按规则行事的同仁。但他们却不能效仿这些同仁，哪支军队都不行。因为组织这么多人共同行动需要铁的纪律，需要每个士兵无条件地服从。而这需要长期的训练和严格的行动管制，直到他们养成一种强迫性的条件反射。

长期以来，这一直都是有效组织军队的不二法则。说起来，军队可以算得上是最古老的需要联合行动的大型组织。千百年来，战争一直都无法由个人或者地区小团体来独自完成。甚至于在绝大多数有记载的历史时期里，军队一直是唯一的大型组织。从埃及、中国和希腊等早期文明到"一战"为止，军队一直都建立在重复到近乎机械的训练，以及对上峰命令的无条件服从之上。可如今，这一建立在命令之上的传统简单组织，却因另一类植根于自主判断的新型组织的出现而备受冲击。

在展示这一新的组织能力方面，军队其实是最合适不过的例子。因为军队在原有方式下运行得实在太久，故而两类组织方式的差别在其身上也展现得最清楚。不过，要想了解这一新观念的起源，我们还得将眼光转向另一类更年轻的组织——商业企业。新观念的出现便源于它们，尽管并非出于特意追求。这方面，最早的研究探索来自50年前的企业组织研究者，如德国的拉特瑙（Rathenau）和法国的法约尔（Fayol）。而在那之前，19世纪末的一些工业巨头已经在运用其中的一些粗浅原则，其中有美国的卡耐基和洛克菲勒、英国的雷诺（Renold）和蒙德（Mond）、德国的西门子和阿贝（Abbe）。不过，只有到了最近30年，商业企业及其管理架构才真正成为新观念的载体和开拓者。

作为新组织的代表，商业企业在世界各地已日渐成为最核心的组织机构。在市场经济国家如此，在社会主义国家也如此；在发达国家这样，在发展中国家也这样。商业企业在当前这轮组织变革中所处的核心地位，足以能解释军队、政府甚至教会这类更古老的机构为何纷纷将其视为自己的组织原型，并试图将其展现的全新管理原则植入自身的管理架构和运营当中。㊀而商业企业在培养新型组织能力方面的核心地位，也让许多能力出众的年轻人将其作为建立他们自身事业的舞台。即便在美国，这一转变也只有在最近一代人身上才开始出现。

而商业企业在其刚兴起时，同样也立足于"训练和管制"的观念之上。最早那批以财务绩效为目标，并且以商品和服务的生产与分销为主要活动的大型组织，全都建立在这一观念之上。50年前，泰勒（Taylor）和甘特（Gantt）这些科学管理理论的先驱人物也曾探寻过新的组织理念，也曾试图综合利用人类知识、个体责任和工人的主动投入。不过在这方面他们几乎一无所得，倒是将生产线研究得很透：将生产过程拆解成了多个简单、不断重复的常规任务。

科学管理最大也是影响最为深远的贡献在于，发现生产活动跟战斗活动一样，都可以加以理性研究、系统分析和刻意组织。可惜的是，他们同样以"训练和管制"的观念来指导实践，将工作分解为简单重复的机械动作。20世纪二三十年代最受推崇的"机械化生产线"，只不过是将拿破仑的士兵搬进了亨利·福特的工厂。

组织所激发出的能量和表现远超乎任何个人，无论其能力有多强、经验有多丰富。这就像特洛伊战争期间，当由非职业军人组成的古希腊军队对上职业化的特洛伊军队时，胜利必将属于古希腊一样。50年前，这一组织过程的实现还在依赖于将全部工作细分为简单工序，将所需技能简化到只需遵从，将知识简化到稍加训练便可习得，将生产中的合作方式固化为在生产线上各司其职。可如今，生产线业已成为一种过时思

㊀ 这么做有时其实非常不明智。

路。如今，即便是机械化的工作，最好的完成方式也已变为：选用技能最强、知识最丰富的员工，让他们为了同一目标而共同努力，并在此过程中确保他们各负其责、自主判断、自行决策。

而这，乃是工作组织自主化理念的要义所在。当然，自主化固然会大量削减生产一线的初级工人。但随后，一定会需要同等数量的具有较高技能、能自主判断的员工：机械师、仪器专家、程序员、工程师、数学专家和商业分析师等。一方面，他们每一位的工作都仅限于各自的专业领域，都对相关问题加以自行决断。另一方面，他们中的每个人都需要与其他全体人员通力合作，与他们时刻保持联系，随时根据他们的决策而调整自己，同时也一直在做出会对大家的工作产生影响的决策。

这一自主化组织的理念和原则如今已被全面用于工业生产领域，但其最初实际上是为企业中的非生产性工作提出的。提出之后，它很快就被普遍用于对"工人"之外的其他雇员的组织管理，其中包括技术人员、专家和管理人员。

各自工作与团队协作

新型组织的出现，改变了过去那种各自独力奋战的工作模式。不过它并没有将个人淹没在组织当中，而是让个人在团队中更有效率地工作。

在以前，大家普遍认为需要用到专业知识和技能，需要做出自主判断的工作，全都应该由个人独立完成。这一"不证自明的事实"乃是个人主义哲学所有流派的共同基础。而组织的作用，便在于让个人更轻松地工作，让他更好地达成其个人目标。

在这方面，传统大学是最好的例证。在那里面，所有的学者都被给予最大的工作和思想自由，学校的作用只在于提供学生、基本设施、清洁服务和财务支持，以保证学者能专心治学。

1850年左右兴起的现代研究实验室也在沿袭相同思路。为了让科学大师更有效地工作，由实验室为其提供清洁服务，为其配备训练精良的研究助理。

而作为19世纪的另一项发明——公务员制度的设计初衷同样是为了让个人更好地独立完成工作，而非让其置身组织并通过组织来工作。英国在印度建立的公共机构只用了少量人手便完成了整个次大陆的治理工作，只用了不到1000人！在短暂的见习期结束后，每个官员都在独立地开展工作，相互之间也很少碰面，甚至一个月也见不到一回。

随后取得的进步虽然改变了个人依靠知识、技能和判断独自进行工作的局面，但并未改变已被普遍接受的定律。而所实现的进步则体现在职能的专业化上，亦即将具备类似知识和技能的人员放到一起，以共同完成特定目标。

这一理念最初源自军队。自18世纪起，步兵、骑兵和炮兵等作战单位便已日渐作为独立军种加以单独管理。或许在单个军种和整个军队的管理效率上，这么做都会带来极大的改进，但这也使得各军种的协同合作程度达到了最低点。他们各自发展自己的技术、武器、战术和传统，有着各自的军官教育体系和职业发展路径。只有在来自外部的上级指挥官的计划和命令之下，他们才走到一起。即便借助了职能专门化，我们也只能将少量具有技能和知识的人员组织到一起工作，而且随时还要准备按照知识领域的进一步分化而细分组织。当把职能专门化的方法用于经济领域，投入到生产和分销活动中时，也在采用同样的原则。与此同时，科学管理学派也正在将那些更古老的组织原则用于非技术工种。

在企业中，同样也只能将有知识和技能的员工划分为一个个自我管理的独立运作部门。我们依然无法让多于一个小组的人员为着共同目标而齐心协力。而要做到这一点，依然不得不将相应部门进一步划分为更多实行自我管理的子部门。企业中的任何部门，无论是设计部门、会计部门、生产部门还是营销部门，都面临着同样的限制，遵循着同样的发展路径。

换而言之，在职能专门化的时代，对高度需要技能和知识的工作，我们的组织方式在于让它跟一个人独自完成一样。每一个分支机构和部门都像是一个人，以此来处理与整个企业以及其他部门、分支机构的关系。从没想过要将具有不同技能、知识的人员放到一起，让他们各展所长，为共同目标而努力。

而这，如今已成为一种更受欢迎的组织方式。例如，在研发原子弹时，几千名具备各种知识的高级专家聚在一起，其中有物理学家、数学家、化学家、工程设计师、军事专家、采购专家、财务专家、人事专家和生产专家。他们并没有组成各自不同的职能部门，而是按照研发进展而协同合作。在研究机构中，这已日渐成为一种更受欢迎的组织形式。实际上，在实施目标明确的系统创新时，这是唯一有效的组织形式。

在军队里面，职能专门化依然是军官教育体系和职业发展路径的基础，但跨军种一体化的步伐业已启动，多兵种作战团（Regimental Combat Team）的设立便是一例。

作为专业化程度最高的组织，大学的部门和专业之间有着极其严格的界限，可如今大学里的跨学科课程和研究项目也正变得越来越普遍。在这类项目中，来自多个学科的学者走到一起，各自贡献自己的知识，为共同的目标而努力。例如，在美国东部的一所大学中，光是1957年便有400多个这样的课程、研究、讨论班和项目。其中有一门西方文明课程，其成员包括历史学家、哲学家、自然科学家、画家、音乐家、政治学家和经济学家；另一个劳动力问题研究讨论班则由来自不同领域的四名专家共同主持，其中有律师、文化人类学家、经济学家和对自动化感兴趣的工程师；还有一项电子计算机设计项目，该项目由一名语言学家主持，成员包括了心理学家、工程师、数学家和生理学家。

在企业管理中，我们也在采取相似的做法。对于特定的工作项目，我们正越来越多地依靠"任务小组"，要么就为其专门建立一个由来自不同部门的专业人员组成的团队。而对于持续性的经营活动，则采用分权化的方式将企业中大量专业各异的成员组织到一起，让他们为着共同的业绩目标而协同努力，并将为最终目标做出最大贡献设为自己的目标，而非仅仅只盯着自己的一亩三分地。这样的目标可以是一条产品线，也可以是某一目标市场。

在各类实例中，医院管理方式上的逐步转变其实最能清楚地揭示新型团队理念的含义所在。医院最早只是穷人的殒身之地，但在爆发于1854年的克里米亚战争及弗洛伦斯·南丁格尔（Florence Nightingale）的推动之下，它逐渐演变为行医之所。不过，当时的医生均各自开展工作互不合作，护士以执行医生指令为使命，其他医疗人员则行使协助之责。到了1880年，即便是大医院里的首席助理，也依然既无手术权也无诊断权，只能把行医的工作留给"主治医生"。

而后不久，便迎来了职能专业化的时代。直到前不久，医疗护理领域的主要进步依然源自与日俱增的专业化，源自将一个又一个的专业领域从原有专业中分离出来。

如今，诊断部门在将各类专业人才划入不同团队时，不再以专业知识领域，而是以所服务的病人作为划分标准。而且，越来越多的非医学专业人员正在成为医疗团队的一员，其中有营养学家、心理学家、社会工作者、化学家和药剂师。而护士的角色也已由医生的"仆人"转而成为医疗团队的执行成员，其工作内容包括协调各项医疗活动、监测病人和度量医疗效果等。

在我所了解的一家大医院中，护士手中掌握着病人的诊断结果和主治医生给出的治疗方案。其工作职责包含两项：安排治疗活动，包括提供药物、安排检查、联系营养师、药剂师和心理专家；一旦治疗进程与预期进展出现偏差，立即向医生汇报。

实际上，如今护士在工作职责上的变化如此之大，以至于早期专为照顾病人而设立的天主教修女都已在考虑从照看病人的工作中抽身而出。有位女修道院院长本身就是一名经验丰富的医院管理者，她如是说道："护理工作的角色转变是件挺好的事情。我们谦卑地从事这项遭世人鄙视和唾弃的工作，目的在于为上帝服务。可如今，我们都有了高级学位，都成了专家和管理者，尽管并没成为'老板'。"

另一个发生变化的方面则是医院管理层的兴起，这是一个正越来越多地由医疗人员之外的人士充任的群体。如今的医院已经化身为大型组织，而医院管理层则专门对其进行管理，其间需要用到诸多新型组织的管理理念。

而在所有变化中，最重要的或许还在于：若非置身于医院，将自己投身到有着良好组织管理的大型联合医疗行动中，单靠单个医生自己，很难独自开展医疗活动。当然，医生并没有丧失作为独立专家的地位，但只有投身组织才能更有效地工作。他已经开始依赖于组织，就像组织曾经依赖于他一样。

需要指出的一点是，在哪里都找不到最完美、最纯粹的新型组织。新的组织能力总是与原先的组织形式和理念混杂相伴。例如，很多医生还在用曾被他们祖父用过的方法治病，也有很多医院的组织方式自1910年以来就没变过。许多国家的多数军人所置身的军队，依然在用拿破仑步兵团的基本理念加以管理，而不像前面所列举的空军基地那样。即便是在空军基地里面，其正式的组织结构也与传统军队组织更为接近，而不去考虑实际需要，更不会参照那些现实中真正采用的非正式但更有效的组织方式。在绝大多数小企业中，上述情况同样存在。

不过数字并不能说明什么。统计数据只能用来告诉我们过去的情况，并不能揭示当下，更不能预测未来。如今整个社会的各类机构都将置身于新的理念之下，都将以新的理念作为其特征。而我们这个时代将要面临的社会问题、社会伦理和社会知识，全都是关于新型组织的问题、伦理和知识。

从巨头到管理者

罗伯特·扬（Robert R. Young）是我们这个时代最著名、最具传奇色彩的美国金融家，于 1958 年年初自杀身亡。他之所以选择结束自己的生命，并非因为身体欠佳，也不是因为亏掉老本。恰恰相反，在他临死之际他依然非常富有，而他手下多家大企业的控制权，也丝毫未受威胁。作为一个极具野心的人，他自杀的原因源于他清醒地认识到：他所拥有的只有金钱，权力、名望以及来自公众的敬重，全都与他无缘！他对权力和名望有着极大的渴望，而选择成为一名金融巨头，也只因为这是获取权力的最佳途径。在他去世的 10 年前，一度有流言传出，他甚至想成为某一主要政党的总统候选人。如果当不了总统，他至少也想做一名政府高官。

若是在 30 ~ 50 年前，这样的野心是很合理的。那时候，在美国商人中，获得权力担任公职的通常都是金融巨头。威尔逊（Wilson）政府中的伯纳德·巴鲁克（Bernard Baruch），以及 10 年后赫伯特·胡佛（Herbert Hoover）政府中的安德鲁·梅隆（Andrew Mellon）和尤金·梅耶（Eugene Meyer）都是这种情况。事实上，在过去的 15 年，商人在美国公共生活中作用比以前任何时代都要重要。只不过，如今的主角不再是金融巨头，而是专业管理者。他们的能力在于组织管理而非资本运作，其杰出之处在于将精通各类知识、技能的人员组织起来为特定目标而努力，而非个人财富规模。

极具讽刺意味的是，罗伯特·扬早年走的是获取权力和公职的正确道路。年轻时，他曾当过通用汽车的核心高管，甚至有可能在通用汽车统领全局，而通用汽车则是当时最大的一家工业企业。遗憾的是，尽管聪明绝顶，但他却误判了形势。于潮流转变之际，为了获取政治权力，他却从管理者转而成为一名金融巨头。30年后，他成了当代最为出众的资本运作高手，同时还成了一名铁路大亨。不过，当国会下面的某个委员会就铁路财务状况于1957年进行听证时，他们根本就没给他表达观点的机会，尽管他曾经为获取铁路控制权和进行铁路改革而在过去20年经常上头条。铁路管理人员、经济学家、工程师、工人领袖和税务专家等都受邀进行了听证，但很明显的是，根本没有人想要听取他这个自命为铁路救星的金融巨头的意见。看上去，这才是让罗伯特·扬决定放弃，并通过自杀来承认失败的原因所在。这一点，在报纸上登出的关于他的讣告中概括得很好："斯君一生都在虚掷才华和能力。"

专家和管理者

上述极富寓意的故事直接取自《天路历程》（*Pilgrim's Progress*），而它最大的意义在于提供了一个例子，向我们充分展现了新型组织能力带来的社会转变。如今，受雇专家已快速成为一个身负责任和权威的核心群体，并已成为社会进步的象征。

受雇专家可分为技术专家和管理专家两类，他们构成了相互依存的两个群体。两者必须相互合作，各自才能更有效地工作。虽然这两类职责有可能由同一个人同时执行，但两者在功能上还是有明显区别的。

技术专家是特定知识领域的专家。人类活动和知识的几乎所有领域，如今全都与组织有关。所有的自然科学和人文科学，从工程学、数学、逻辑学、法学、文学、教育学、建筑学、经济学、军事艺术，到新兴的商业学科如统计学、营销学和生产管理，全都在其列。它们各自都有一套原理，有一个巨大且日趋扩大的知识领域，都有各自的系统研究方法。当今组织需要大量的专业人才，能在所有上述学科以及其他尚未提及的领域中提供专业知识和专业立场的人才。

技术专家必须将其掌握的知识用于专业活动。这意味着他们不仅要精通相关知识，要不断提高自己，还要了解自己的责任所在，并运用专业知识做出自己的贡献。因为在这方面，只有精通相关知识的他们，才真正了解自己的努力程度和贡献大小。

有一个很老的故事可以说明这一点。在阿富汗地区的荒野上，一名美国游客乘坐的汽车发生故障无法启动。没人能搞清楚到底怎么回事，连厂商的外派人员来了之后也都束手无策。正当这位游客打算把车扔下回去之际，有人想起有个老铁匠或许帮得上忙。老人家年轻时曾从事过发动机的修理工作，住在50英里⊖外的偏远山区。

绝望之际，游客派人去请了他来。三天之后，老人家骑着骡子出现了。他查看了一下汽车，并让人拿了把锤子过来，然后在发动机的某处轻轻敲了两下，接着说道："发动试试吧。"发动机的声音果真缓缓响起，恍若刚刚离开试车台一样。

"我该给你多少呢？"心怀感激的游客问道。

"100美元。"

"什么，就用锤子敲那两下，就值100美元？"

⊖ 1英里 = 1609.344米。——译者注

"好吧，具体账目是这样的，"老人说道，

"用锤子敲那两下，价值10美分；而找出敲的地方，值99美元90美分。"

技术专家用锤子敲那两下的价值很容易度量，但"找出该敲的地方"时在知识、努力程度和责任感上的投入却很难度量。

正因为如此，技术专家才需要管理者。专家的工作范围仅限于自己的专业领域，通常以专业术语来设定自己的工作目标，这些术语可能出自工程、生物、销售、建筑等领域。而管理者的作用则是将他们整合到一起，让技术专家的工作变得更有效，让大家为着一个目标而努力。管理者的专业知识全在组织能力上，显然他的工作依赖于技术专家，但技术专家也同样依赖于他。

这便是导致管理专家如今成了社会秩序、规范和个人追求的新焦点的原因所在。管理者的地位建立于他在工作中需要达成的目标之上，其权威则源自他掌握的知识和所实现的目标。不能将他的工作简单理解为所有者或各方代表的代理人，后两者根本控制不了他。换而言之，管理者的地位源自他的专业，而非财富和政治。

不过，不同于医生和律师等传统专业职位的是，管理者需要对其他人行使权力。他所做出的决策不仅影响个人，还会对社会造成广泛的影响。

管理者既是经济发展也是社会发展的代表性力量。管理人才的匮乏往往是欠发达国家的一个重大不足，而发达国家通常都将管理人才作为其最看重的资产，因为管理者是新型组织能力的承载者。

就算管理者本身就是业主，而非受雇工作，上述内容也同样成立。他同样需要发挥自己的专长，同样需要将组织目标和管理绩效置于业主利益和权利之上。否则，组织便会陷入分崩离析。

这方面，亨利·福特是个典型例证。他拒绝成为一名专业管理者，也不允许别人这么做。他始终坚持扮演所有者的角色，结果几乎把公司搞垮。

自 1945 年他离世之后，公司总算得以复兴。而这主要源于全面推行系统性、专业化管理，以及雇用大批专业管理者，并赋予他们足够的权威和责任而不因其雇员身份而有所避忌。

技术专家和管理专家的兴起带来了很多新的机遇。它增加了社会阶层之间的流动性，提供了新的上升之阶。它创造了新的成功理念，提供了新的权威形式，创造了新的教育机会和教育需求。不过，它也在权力责任和权力公正性方面带来了新的问题。

组织中的权力和责任

在这方面，我们又会遇到一类新情况。新型组织需要用到技术专家和管理专家，但它又必须对他们运用组织权力。管理者和专家都有着各自的价值观和愿景。不过组织绝非他们实现自身目标的工具，因为组织也自有其客观、非个人化的目标和愿景，个人必须据此调整他们的愿景和努力方向。除此之外，管理者和专家各自又有着各异的必要工作，而这需要通过相互协助来完成。并且，管理者和专家都需要来自组织的支持。

在此过程中，组织、管理者和专家，三方各自构成一个权力中心。

组织能将其权力施加于个人之上。不过，在一个自由世界中，组织绝不可能只将自身视为目的，而将置身其间的个体全都当成手段。除非是用以实现其社会功能所绝对必须的权力，绝不该允许它对个体施加其他权力。除了通过让个体成员变得更具创造性、更具责任感而自然而然地赢得他们的忠诚之外，决不能容许另一种危险的导向，那就是认定个人应该对组织保持忠诚和拥戴。

所有的组织都只能服务于社会的部分功能，都只能满足诸多人类需求㊀中的某一种。故而即便在专制社会，单个组织也只能获取部分权力，在自由世界中自然更是如此。有鉴于此，组织决不能将其局部利益置于整体福利之上。例如，任何组织都无权让其成员为了工作而牺牲作为一名父亲、公民、教众和会员的职责。

组织不可以将它与成员的关系看成一种生死相依的联盟关系。恰恰相反，组织都为特定目的而存在，可以设立也可以撤销。由于新型组织实际上都是服务于局部、有限目的的团体，相对于其他团体，卢梭关于"退出权是防范暴政的最后措施"的深刻洞见在新型组织中更加适用。任何时候，只要某一组织在限制这一权利，那它便在滥用权力。

> 如今，美国的许多工会中都存在严重的腐败、欺诈和剥削行为。欺骗并没什么大不了，很多法律条文其实都在行欺骗之

㊀ 国防和经济生产都是其中之一。

实。更为危险的是，有些"冠冕堂皇"的工会宣称获得成员的一致拥戴，并进而控制相应行业的进入渠道。例如，有些美国和英国的工会正越来越严重地滥用"封闭工厂"制度⊖：将反对现任工会领袖的成员逐出工会，进而让他们丢掉饭碗。法律赋予工会的权力实在太大了，这一状况亟须改变。

但是，通过奖金、企业年金和股票期权计划来对企业高管的退出行为实施惩罚，以此增加他们从任职企业离职的难度，同样也是对权力的滥用，是限制人员自由流动的反社会行为。分期支付高管的奖金，以避免缴纳过高的所得税，这当然可以理解。但如果因此而让高管为了不白白损失已经挣得的奖金而在企业中困上10年，那么这一名义上的避税行为，其实便是一种反社会的扼制措施。这些束缚措施，并不因其金光闪闪而有所降低，并不因投其所好、以个人利益铸就，而变得更能忍受。

专业经理人同样被赋予了一定的权力，而且也应该被赋予权力。不过，给予他的权力同样不能超出其履行职责所需的限度。决不能容许出现凌驾于他人之上的个人权威，更不能让他有机会操纵、修正乃至改变他人的人格。

管理者只要是在滥用权力，是公开还是私下进行，是残忍压制还是友好劝诱，其实并无区别。其动机是自私自利还是真心利他，是私欲膨

⊖ 封闭工厂是指只招募特定工会成员的工厂。——译者注

胀还是枉费好意，同样也不重要。只要管理者以获取权力为目标，而非一心履行职责，那么他便在滥用职权，如果还算不上搞独裁的话。

管理者应该对同事负责。他需要建立一种有助于人们最大限度地发挥所长的组织结构，需要将每位专业人才都安排在最适合的位置上。他必须保证所有专业人才都能最大限度地发挥其专业知识和技能，给予他们进行独立判断所需的所有资源。他必须让他们清楚地知道大家共同奋斗的目标是什么，也必须随时了解随着专业知识的进步，将会有哪些潜在机会出现。

换而言之，管理者有责任创造一种管理环境，一种可以让各类专业人才最大限度地取得成就、发展自我的环境。除此之外，他还有让组织和个人都力求极致、决不松懈的责任。

关于组织和管理者的权力和责任的讨论，如今已是随处可见。而组织中的专业人才的权力和责任，其实更为重要。不过，这方面的问题才刚刚进入大家的视野。

到目前为止，我们最关心的还是责任方面的问题。

"我们该如何管理专家？"这是我常被问到的一个问题。

当我答道"你得告诉我你希望从他们身上得到什么，我才能回答你"时，他们的脸上总是写着满满的惊讶。

最近，美国国防部从一家大公司引进了一位高管，让他负责导弹项目。遗憾的是，国防部看重的是他与科学家相处的能力，而非推动研发进度的能力，尽管后者才是关键。

专业人才有着悠久的历史，他们原先为我们熟悉的存在形式是独立的专业人士，比如小镇上的律师和家庭医生。进驻组织之后，改变的只是其提供服务的法律形式：在一份雇用合同下从事工作，而非基于客户关系工作。实际上，成为某一组织的雇员之后，专业人才还将经历另一重变化，那就是原先作为独立的社会一员担负着纯粹的个人责任，如今则在组织的名义下掌握社会权力，担负社区责任。

专业人才必须以自愿形式展开工作，但这并不意味着可以随心所欲。他有自己的权力之源：他的努力程度、知识结构、将知识投入运用的意愿和能力，以及他所做出的判断，这些都在影响着他人的能力和成就。他对自己的知识领域负有责任，他需要像一名专业人员，而非仅仅充当技术人员。他对所在的组织负有责任，因为离开了组织，他将没有机会展现自己的专业知识和技能（当然同时也获得相应报酬）。他有责任为着共同的目标而和同事一起努力，有责任尽可能高效、高产地工作，并且确保让自己的视野和工作服务于整体目标。

故而新型组织需要一种新的组织伦理，组织本身、职业经理人和专业人才均受其约束。这一伦理体系需要身负权力和责任的各方都保持相应的自尊、自律和人性化。它应该是可操作的，而非仅仅是一种"布道"。它应该为大家提供一种能被普遍接受的标准，而人们则据其行动、决策并评价自己的行为。新型组织能力的发展，为发展新型伦理观念和原则创造了机会和需求，同时也提供了一些活生生的案例，而后者尤为重要。

在权力和责任需要被重新定义的地方，法律规则同样也需要被重新确定。

作为一家大型工会组织，汽车工人联合会建立了一个由外部人员组成的独立委员会，以此来听取会员对工会官员决策的意见。大陆罐头公司作为一家大型企业，也授予了每一位员工就升职、工作分配、降职和开除等管理决策直接向总裁进行申诉的权利。汽车制造商福特则成立了一个由公司管理层和经销商组成的混合仲裁机构，来处理经销商对经销权分配的异议。

所有这些，都是为了确立一套"普通法"规则而设立的司法程序。工会合同中的仲裁程序同样也以此为目标。实际上，美国绝大多数行业中依据该合同遂行仲裁职责的人员在工作时，都在有意识地通过其决策发展出一套融会贯通的习惯法体系。

而各种大型组织的组织管理手册，无论是商业企业、政府机构还是军队，同样也是一份"法律"文件，是一种初级形式的宪法。如今，这类文件不但定义了组织的权力边界，而且提供了越来越多的争端解决程序。

任何法律史学家都能指出，我们前面所给出的，其实就是法律理念和法律制度。这一点之所以很难为常人理解，那是因为如今我们将"法律"错误地界定为"由主权政府给出的法规"，尽管这明明与历史经验相悖。从这个角度来看，我们这里给出的由新型组织制定的法律规则当然不是公共法规，也不应该是。不仅它的制定者是私人机构，而且其实施范围也仅限于私人机构内部或之间。

政府立法能提供一种有序的过程，而这绝非组织法律规则的实质所在。政府制定的组织法对权力滥用有一套监察方案，并且对于内部决策还允许进行司法复议。对于我们的新型组织，要想超越现状，建立起一套对内部权力关系进行监察的实质性立法程序，那就必须对组织成员的道德品质立法。而这其实是一种过度立法，通常都没有什么效果。而要想通过管理机构来规范内部的权力关系，那需要为此建立一个专制官僚结构，而这不仅无效，还有可能最终让所有其他法律规则形同虚设。

故而我们需要一套能对权力的功能和边界加以明确的法律，并且是公法而非私法。其实自中世纪以来，绝大多数公法都是关于自治实体的，不过这一点并不为多数人所知。在这方面，并没有什么法律理论，并且除了教会法典和军事法典之外，也没什么实例可供参照，但这类组织法却将会是当前普通法中发展最快的领域。其实这才是真正的法律，与个人相脱离、客观、具有通用性，是"平民的法律"而非"律师的法律"。

组织人

现在已经很少有人谈论 20 世纪二三十年代最爱谈论的吓人场面：人们在生产线上从事重复、单调的工作，就好像是生产线上的"机器人"一样，要么无助地被生产线摧残，要么在无聊中等死。就在 20 年前，在其最后一部伟大的电影《摩登时代》中，查理·卓别林还曾为了人类的创造性和尊严以艺术化的形式对这一传统组织形式进行过抗议。可如今，生产线"机器人"早已消失不见。

而他们在工业社会的各种传说中的地位，如今正越来越多地被另一类完全不同的形象取代：组织人，他们有着明亮的眼睛，喜欢穿灰色法兰绒外套，受过良好的教育，有较高的收入，是公司的初级管理者；其工作即使没有创造性，至少也身负某种责任，具有一定的挑战性，他们的成功大多表现在让复杂的工作变得简单、有序。

跟之前的生产线"机器人"一样，这类新人同样也是艺术作品虚构出来的一种漫画形象。尽管有些离谱，但却反映了一类现实问题：新型组织中的专业人才问题。

在艺术作品中，组织伦理和组织规则并不能自行解决专业人才问题。其实，它们的提出只是为了处理权力结构和组织程序问题，而组织中的专业人才问题却是一项社会事务。

作为如今美国最常见的律师事务所形式，大型现代公司制律师事务所为了解人才问题的社会属性提供了一个很好的实例。对于这类事务所而言，那些尚未成为且绝无希望成为合伙人的中年律师，是他们面临的一个普遍问题。

若以19世纪的标准来看，这些人本应当被当作成功人士。相比于绝大多数独立执业的律师，这些人的收入至少是其两倍。他们的工作都很稳定，通常还是某一法律领域的专家。换而言之，他们所面临的问题，跟《推销员之死》中疲惫不堪的失败"英雄"威利·洛曼（Willy Loman）的问题并不相同。

不过，尽管这些大型事务所中的中年律师有着很高的收入、稳定的工作和丰富的法律知识，但他们依然是一群备受挫折、心怀怨言、了无生趣的人。尽管其地位将近不可取代，但他们却对自己从事的法律工作怨气满腹，越来越不想把自己的知识贡献给合伙人。尽管后者在为客户提供法律服务时，迫切需要将所里的全部法律资源集中起来，以制定出适当的法律策略。

年轻时，这些人可能很享受大型律师事务所中的激烈竞争氛围。在这种氛围中，所有新人都接受着合伙人的持续监督，都在为获得认可和晋升而争相努力，都渴望着有朝一日飞上枝头。而到了中年，晋升空间已经到头，竞争关系则发展到了"生死相搏"的境地。

明智的事务所会尽力避免这一问题出现，而方法则是将那些年过四十依然无望成为合伙人的员工处理掉。要么在客户的法律部门给他们找个好位置，要么帮他们建立自己的事务所，要么让他们加入一些能成为其合伙人的小型事务所。这确实是一种高度负责的做法，很值得称道，但依然难改其承认失败的真实面貌。对于企业中那些本该迎来其事业巅峰的高级专业人才，如果能让人心安的唯一举措只是将他们处理掉，那么企业的组织结构和组织理念一定大有问题！

地位是置身于大型组织所能获得的最大好处。在大型律师事务所里，面对的都是许多独立律师闻所未闻的大案要案，能对大企业的行为和财富施加真正的影响。尽管自己只是一名雇员，但须按照他人的决定行事，毫无独立性可言。

另一个好处是获得大量机会——自我实现而非升迁的机会。相比于之前的社会结构，大型组织确实能创造更多的升迁机会。但在大型组织中，不管置身于由上到下的哪个管理层级，专业人才都能在其职位上获得尊严、地位和自我实现。

但是，即使级别相同，也会在尊严、地位和成就感上，有一定程度的微妙差别。在军队组织，大多数少校退休前不会再被提拔，不是所有人都能成为将军。然而，同为少校，一位是营级指挥官，曾与他同级的战友新近晋升上将；另一位是气象官，少校是现有体制下能及的最高军衔，这两位的感受肯定不同。第一位会觉得愤愤不平，甚至觉得自己优于被提拔的战友，并将落选归咎于阴谋、裙带关系或上级领导有眼无珠。不过抛开他的个人感受不谈，与上将相比，他的职能为从属性质，影响力要小得多；而气象官的工作需要尖端科学知识，并非从属性质。在气象官的领域，他虽享受不到上将待遇，却履行着上将一般的职责。

在各行各业，具备一技之长的专家还有很多，工程师、药剂师、会计、生产规划员、销售预测员、采购专员等上百种专家都在此列。

然而，提拔机会、高社会地位及丰厚报酬却通常由管理者专享。接下来要着重解决的问题，就是确保专业领域的佼佼者也可拥有获得提拔、认可、高社会地位的机会，虽然他们并非做出决策、承担风险的管理者。与此同时，还要保证决策者有必要的权威和担当，确保团队齐心协力、行动一致。

很大程度上，上述问题的实质是多元价值体系无法与组织的同一目标整合到一起。气象官最高官至少校、合同专家永远无法成为合伙人、最优秀的冶金专家只能成为高级工程师，他们都需要听从上将、合伙人、部门负责人或副总裁的调遣。这使得他们对专业人员地位上的先天劣势心生不满，并将这一劣势归咎于自己所拥有的知识。在他们看来，组织架构与其学科、工作所属的专业体系间存在矛盾，然而作为有知识、有技能、负责称职的专业人员，他们必须认同自己的工作，兢兢业业、甘于奉献。高薪、晋升或掠夺或许能使雇佣兵感到满足，但专业人员需要觉得自己的工作有意义，是宏伟蓝图的一部分，这样他们才能得到自我尊重。

或许，更值得探讨的社会问题是现代组织中的竞争压力与紧张氛围。

很多人认为大型组织能够提供安全感，其实不然。还有人认为在50～100年前的个人主义社会，人们需要依靠个体力量从竞争中脱颖而出，这也是假的。在年轻大学生看来，大型组织无法提供安全感，人们生活在大型组织中，需要面对激烈竞争。

"我们祖父那一辈就容易得多。在从业之初，他们凭一己之力成为律师、医生、商店老板，除自己外，不必取悦任何人。如果做得不太成功，也可以满足于低调一些的生活。在邻居看来，他们仍然是律师、医生、商店老板。"而在当今社会，竞争在聘用前就已经开始，竞聘者要比较学习成绩，争夺实习岗位。在成为雇员后，他们要面对无休止的监督、评价及同事间的对立。他们时刻被紧张和压力包围，焦虑自己会涨薪水吗？会被提拔吗？会被调离吗？会实现突破吗？他们需要和最紧密的工作伙伴展开竞争，争夺有限的晋升机会。

年轻大学生的观点是正确的。我认为，正是大型组织中的竞争氛围使得年轻人想去规范社会秩序，使得他们愿意循规蹈矩、照章办事。这或许是个体应对压力的唯一出路。压力强调争先、晋级，而非工作本身。无论对社会还是对个人，压力都是负面的。

当然，我们很容易去夸大竞争压力的范围和强度，此外，我们还可以采取措施来缓解大型组织中的压力，如提升专业工作的重要性，这在早些年尤为重要。但尽管如此，现代大型组织仍然是一个充满竞争的有机体。

乡村医生不会与公园大道（Park Avenue）或哈利街（Harley Street）上的诊断专家竞争，小镇律师也不会与首都税务律所的首席律师成为对手。他们获得不同的报酬并承担相应的风险，体验着不一样的成就感，却有着同样的社会地位。他们都可以称自己为"医生"或"律师"，且彼此间不存在上下级关系。而在新型组织中，医生是医务主管的下属，律师则要与法务部门的同事竞争晋升与收入。

19世纪的社会问题关乎阶级，而新的社会问题关乎社会中的个体。旧问题聚焦经济正义，新问题聚焦社会正义。旧问题讨论经济机遇，新问题则主要讨论价值决策及社会秩序中的价值取向。

旧问题表达了社会对成功的盲目认可，认为成功能解决一切社会问题，新问题则围绕成功展开讨论，即探讨成功的定义。从个体意义上来讲，新问题关注中年人，而旧问题主要关注青年人。叛逆激进的青年人是19世纪特有的社会群体，新社会问题通过比他们年长20岁、从岗位上默默退休的中年人来体现。

在当今社会，与旧问题相关的标语、理论及草率解读仍在政治论辩中占统治地位。而在经济、社会较为发达的国家，拥有技能、知识、判断力的组织成员在组织中为了共同的目标分工合作，新型组织的出现使得19世纪的社会问题及社会焦点变得无关紧要。同时，新型组织的成功也催生出新的社会问题，即专业人员与大型组织之间的矛盾。这一社会问题在当今世界日益显著。

管理学

虽然组织已经出现了数千年，但关于组织的系统研究却非常少。即使在军事领域,相关研究主要围绕领导力展开,强调个体的作用,并不关注管理机制产生的持续、系统、有目的、有组织性的影响。然而,在过去的50年,随着新型组织的出现,管理学逐渐跻身核心议题,管理学著作也多至千余本。教授商业管理与公共事业管理课程的学校成为发展最快的教育机构,比教授传统学科的学校更加吸引生源。更重要的是,很多成熟成功的管理者重回校园进修高级管理学课程,时间可长达一年。此类高级管理学课程呈现出供不应求的态势。

10~20年前,这一现象还被认为是美国流行风尚,昂贵且不实用。而如今,针对年轻人或成熟管理者的管理学教育,在西欧、拉丁美洲、澳大利亚、印度的发展速度已不亚于美国,在英格兰、瑞典、德国、荷兰、意大利、智利、澳大利亚等国家,也已建起了高级管理学校。在印度,管理者教育,尤其是针对国有企业管理人员的教育被认为是关系到经济发展的核心问题。

尽管教授管理学的机构如雨后春笋般涌出,但作为学科,管理学仍未成熟。

因此,一个成熟的管理学科亟待建立。学科指的是可教、可学,并随着系统的工作和研究不断丰富、发展的知识体。管理学这一学科体现了后笛卡儿主义的新世界观。它的研究主体是过程,过程的起点为对成功的渴望。无论可量化内容占到几成,这一学科的基本要素——改变与革新、风险与判断、成长与衰退、奉献精神、视野、奖励与动机,都是定性的。过程末端产出的是影响个体与社会的价值决策。

  以"运筹研究"为例。在其定量应用中，研究者运用数学及统计学工具分析经营形势，帮助管理者明确各种备选方案，为管理者决策提供依据并启迪思路。而在笛卡儿视角下，上述内容会被精确、定量的"事实"所取代。

我们需要的管理学并非技术学科，尽管它会涉及多个技术领域。它甚至不能像物理学一样，是一个具体的学科。它必须真正做到以人为本，这里的"人"是指被同样的视野、价值观联合到一起，为共同的目标各自开展工作的人。管理学需要将信息、知识、判断、价值、理解、预期融入决策、行动、表现及结果，将人看作能思考、会行动、有感情、懂评价的个体，并将智力、情感、审美、道德等各领域的知识整合在一起。因此，管理学必须像医学一样，从一切与人相关的领域汲取知识，再将产出的新知识反哺到这些领域。

管理学探讨的核心议题之一是组织的运作机制。一个组织的成员少则数百人，多则上千人。他们根据自己的知识独立开展工作，但又需要通力合作，合力取得工作成果。他们需要掌握哪些信息才能朝着共同的目标努力？同事间需要分享哪些工作信息？他们需要在何时何地做出怎样的决策？这些信息如何传达至决策者，帮助他们采取行动，以制定有效的决策？

无论是军队还是公司，新型组织的本质是信息与决策体系。大量信息、想法、问题从组织外部及内部产生，组织人员不仅要对它们加以接收与传达，还要从中甄选出有用的元素。在此基础上，需要有人制定决策，并将决策反馈到相应部门，以转化为有效行动。信息与决策体系随处可见，每个人、每部机器都是例子，但其结构却不如组织复杂。首先，组织由人构成，而非器官或零件。其次，组织的目标及做出的反馈主要由内部因素决定，且受主动决策影响。作为构建新世界观的学科之一，关于信息与决策体系的研究已迅速成为核心学科。它最艰巨的任务及最重要的应用，均通过新型组织体现。

新型组织在现有资源的基础上，做关于未来的、具有高度不确定性的决策，且决策周期可长达数年。组织中的每一项决策（从新武器到新团部安排，从新产品到新培训项目，从新补贴到新缴税计划），其影响均在远期体现。组织完全收回成本需要数年时间，可能在最初的几年，只有付出没有回报。那么，如何确保最初的决策具有前瞻性？如何制定此类决策？决策者需要了解哪些信息？如何把握决策时机？决策者需要具备怎样的素质才能制定和执行决策？决策者需要接受哪些教育？应如何对决策者进行激励、评价和奖励？

新型组织自身也存在问题，有其固有的顽疾与局限，会经历老化与衰退。比如说，组织会不可避免地走向官僚主义[⊖]。在官僚主义的侵蚀下，组织非但不能为经济社会发展做出贡献，反而会设置障碍。

官僚主义的主要表现包括：将工作量与工作效率相混淆，如邮政局不考核投递速度及投递成本，只考核投递数量；将"打成一片"或无休止开会与团队合作混为一谈；将规模大小作为判断是否重要的核心标准，

[⊖] 英国经济学家 C. 诺斯科特·帕金森（C. Northcote. Parkinson）曾一度为官，在他新近出版的《帕金森定律及管理学的其他研究》中列述了官僚主义的主要形式。这本书非常严肃又十分有趣。

如华盛顿名言"这不可能很重要,因为成本并不高";将经验奉为圭臬,如将"我们一直这样做"列为行动指南;对组织内部管理与经营不加区分;将满满的公文包、超长工作时间、四部电话同时工作、各路助理乱作一团的忙碌景象,当作进取、绩效、成果。

如果组织成员认为被提拔比做好本职工作重要,那么这个组织就已经出问题了。同样地,如果组织成员为避免犯错而不愿意承担必要风险,努力去规避弱点而非发挥强项,那么这个组织也已处于危险之中。此外,认为好的人际关系比工作绩效重要也是错误的。

判断一个组织是否健康不难,只需要关注其内部语言及运营风格即可。如果组织成员多用"执行"一词而非"行动",多用"做完"一词而非"完成",那么这个组织已经病了,且尚未找到有效的防治措施。

另一个无法回避的问题是组织的成长与衰退。生理学、心理学、晶体学、经济学中都有"正常生长曲线"的概念,指的是个体成长、成熟、老化、衰退的过程。修昔底德(Thucydides)、汤因比(Toynbee)等历史学家将这一概念应用到了文明发展进程。虽然这一概念适用于技术、市场、产品,但并不适用于知识(如法学、天文学知识)、艺术、生物物种。那么,组织遵循生长曲线规律吗?创新会改变企业的生长曲线吗?会帮助其焕发新生,延缓衰退吗?

新的管理学需要对组织的局限做出界定。并非所有工作都适合由组织完成,那么,哪些工作适合由组织来做?哪些工作适合团队合作,哪些适合单打独斗?此外,还有一个重要问题:组织的规模和复杂程度应如何把握?

一所规模为 50 000 人的大学显然太大。那么，我们该采取怎样的优化措施？将其分拆？是不是将学生规模降至 25 000 人更易管理？还是降至 5000 人管理起来更有效率？在保留大学财务、后勤职能的基础上，应让医学院、法学院、科学院、教育学院、商学院、工程学院、牙医学院、神学院等学院自主开展教学，还是应跨学院开设历史学、遗传学等通识课程？

除了毁掉多位国防部长仕途之外，美国国防部还未能组织一次高效联合行动。这是因为其机构过于庞大，还是不够庞大，尤其是三军尚未联合管理？如果放弃海、陆、空三军分设的传统模式，而是基于表现与结果对部队进行混编整合，我们能否驾驭其规模及多样性？我认为能，尽管我无法证明。

或许大学、军队的问题不是规模过大，而是多元化程度太高。一个组织若想存续下去或有所成就，必须在某一方面成绩突出。然而，组织却不能试图在太多领域表现出色，这会导致相互限制、内部冲突。那么，组织至多可在几个领域发展？这里应该有个上限。但在"二战"后的经济高速增长期，美国多家多元化企业的发展显然已经超出了上限。那么这个上限在哪里？由哪些因素决定？

组织的原则

管理学应探讨的最重要的问题是：新型组织的性质是什么？新型组织应遵循哪些核心原则？

前些天出版的报纸上有一篇文章，说军队研究所有一位年轻的物理学博士，无任何军衔。对当职科学家来说他是博士，而对他的长官来说，他只是普通士兵。开技术会议时他可以与上将坐在一起，但散会后却不能一起吃饭。

前文中气象官和将军的例子，阐述了个人地位的问题，但这只是问题的一个方面。此外，还有组织治理的问题。在组织中，权威是必需的，且要得到成员认可，因此，组织内部必须划分等级。组织内部要有明确的核心，并由核心做出关乎整体的决策；必须有人担当风险，从而其他人可以开展行动。尽管在工作中，每个专业人员以其知识、技能、判断力做出的决策也会影响到组织中的其他人，但组织需要有人来做终极决策。这个人为整个组织负责，拥有绝对权威。

在阐述组织中的权威、责任、功能、等级关系时，我们仍沿用传统的组织构架图，即首席执行官在最顶端，并由他将权力分配给下属。在传统观念中，组织存在的意义在于完成个人无法完成的工作，因此，组织首领必须将他的部分职能分配下去。

然而在新型组织中，事实已非如此。拥有知识、技能、判断力的专业型人才不需要领导赋予其权威，也不必借助别人的知识。他们运用自己的知识，获得与其贡献相称的威望。他拥有的权力和责任由其工作决定，而非其上司赋予。这种权力源于组织追求绩效的客观需求。位居顶层的决策者只考虑是否需要这个人为组织做贡献，而即便这一点，也日渐取决于组织的客观需求而非个人喜好。

同样地，领导者并非其下属的"仆人"，不必为下属开展工作提供知识、信息、工具。作为管理者，他的首要任务是确保其下属在最佳状态高效开展工作。不过，管理者要履行职责，确实需要权威。

在现代组织中，管理者与专业人员都要承担三项职责，每项职责均需要相应权威支撑。这三项职责：一是确保下属在工作时发挥最高效率；二是对整个组织负责；三是对不存在上下级关系、在不同领域不同岗位工作但受其信息、建议、观点、咨询影响的人负责。这三项职责同样重要。

这其中的组织架构十分微妙。组织中的等级、权威、职能、激励关系不再像以往那样模糊不清，而是愈加明晰。这并非是对传统组织架构的传承，而是一种全新模式的开启。它反映了新世界观对类型和过程的解读，也成为新世界观的主体。

在探讨新型组织的原则之前，我们先讨论人在社会中的行事准则。新型组织的核心元素是人。它的运行过程即人付出精力、知识、努力的过程，它的使命是协助人创造价值并从中获得满足。因此，关于组织原则的讨论，须通过社会人的视角展开。

超越集体主义与个人主义

新型组织存在于社会，是社会的器官，发挥社会职能。那么，它的兴起对当今社会来说意味着什么呢？

主要有两点。

一是从社会学和政治学视角看，新型组织创造了新的社会结构，即由专业技术人员组成的中产阶级社会。

二是从哲学视角看，新型组织预示了新社会秩序的到来，这是一种超越了集体主义与个人主义的社会秩序，尽管仍有人对此持怀疑态度。

中产阶级社会

无产阶级并没有随着资本主义的发展而迅速增长。在所有工业化国家，迅速崛起的阶级并非资本家也不是工人，而是受雇的专业管理者及专家型人才。

当今社会被中产阶级而非资本者所掌控（如罗伯特·扬的故事论述的那样）。资本者即生产资料所有者，担当高效管理者的角色。而如今，生产资料正逐步由新兴中产阶级所控制。在美国，重量级的资本家已演变为储蓄金、退休金、投资资金的机构性受托人，即保险公司、养老基金及投资信托。

与此同时，在社会、经济、文化意义上，工人也在向这一新兴阶级靠拢。工人并没有成为无产者。无论在生活方式、品位还是在志向上，工人逐步转型成了中产阶级中的专业型人才。

可以说，中产阶级承担了一切社会工作。在工业化国家，由资产阶级和工人组成的社会不可能存在，它只可能存在于条件极为落后的前工业化国家。在发达国家，没有资本家也没有工人的社会体完全可能存在，它由受雇专业型人才即中产阶级构成。这是事实不是空想，完全自动化的、股票由机构受托人持有的大型公司就是例子。在美国有多家这样的公司，每家公司的员工多至数十万，且能保持高效运转。

此外，"中产阶级"并非介于上层阶级与下层阶级之间的阶级，而是指当今社会整体。即便下此定论为时过早，中产阶级也是明日社会的雏形。

尽管借助人口分类来反映社会发展趋势难免粗糙与滞后，但得出的结果却十分明晰。

60年前，美国仍是农业国家，一半以上的人口靠农业为生。之后的25年，产业工人（即马克思理论中的无产者）的绝对数量及人口占比迅速增长。然而自1925年起，这一群体占总人口比重便不再增长；自1945年起，其绝对数量也开始缓慢减少。接下来迅速崛起的群体是以文书及销售人员为主的白领雇员。这一群体的数量直到今天仍在缓慢增长，但其占比已在1940年达到顶峰。

自1935年起，管理型、专业型、技术型雇员这一群体，无论在绝对数量还是人口占比上，其增长速度均已超过其他群体，且仍在加速。到1955年，这一群体已超越产业工人，成为美国最大的工作群体。再过20年，其数量将达到其他所有非农群体之和。目前最大的雇员群体是包括小学、中学、大学教师在内的教师群体，他们本身即为出类拔萃的专业型雇员，他们的工作是将更多人培养为专业型雇员。为满足社会对教师的需求，在今后的20年，这一群体的扩张速度将达到其他工作群体的三四倍。

由于起步晚，美国社会在短时间内经历了极大变革，但其发展轨迹与英国、德国、意大利、瑞典、荷兰、日本等发达国家没有差别。目前，这一过程正在澳大利亚、墨西哥等快速发展的发展中国家再次上演：国民经济总量每增加一个百分点，管理型、专业型、技术型雇员群体，即由专业人员构成的中产阶级的人口占比至少增加两个百分点。

仅在100年前，马克思预言无产阶级会持续壮大，而没有预见到管理型、专业型、技术型雇员群体的崛起。这主要是受其时代局限所致。在19世纪有限条件下，这一现象不可能发生，因此以19世纪的经验和知识，这根本无法想象。它是后现代社会的产物，随着技能、知识、合理判断在组织中发挥效力而变得可能。

从社会结构角度来看，价值比数量更重要。因此，新兴专业型中产阶级成为领导力量才是社会变革的真正标尺。寻求认同与接收的少数族群对此类变革最为敏感。美国黑人群体价值取向的转变为此提供了有用参考。

> 初从奴隶制度中解放时，美国黑人群体仍保有南方农业经济的传统价值观，仍处于前工业化社会。他们的领导者通常是政客、律师、牧师。之后在1900年左右，出现了一批黑人资本家，以银行家为主。今天，黑人通过争取大型组织中的专业型、管理型岗位来谋求社会认同。这些岗位包括政府、军队、研究所、医院、大学、商业企业等机构的高级雇员。
>
> 30年前，与我在同一片郊区居住的黑人以律师、牧师为主。今天，社区黑人群体领袖是一名物理学家，供职于一家大型工业实验室。在另一片郊区，其黑人领袖是一家白人大学的财务主管，他的妻子在镇上做社工。道奇队的杰基·罗宾森（Jackie Robinson）是美国棒球大联盟的第一位黑人球员，也是黑人英雄，他退役时并没有像之前的黑人运动英雄那样自己开餐厅，而是加入了一家白人开的连锁餐企，担任人事部副总裁。

关于变革及其含义，最好的注解恐怕来自于美国最激进的工业劳工组织的领袖。这家劳工组织是唯一一家真正体现"工人阶级觉醒"的组织。在最近一次的组织集会上，这位领袖问道："我们明日的领袖来自哪里？现任的各位领袖都已经五十多岁了。25 年或 30 年前，他们刚参加工作时，工会办公室的职位是最易得也是最有前途的。今天，具有同样志向与能力的年轻工人去夜校念书，用不了多久就会成为管培生或工程师。五年后，他会像管理者一样思考、生活、行动；他会忘记自己曾是一名工会成员。"那该如何补救？"工会领袖也必须成为专业的管理者。"

"为自己工作"的资本家当然没有消失。这里不仅有得克萨斯石油大亨与希腊游轮巨头，在过去 10 年，选择为自己工作的人比历史上以往任何一个时期都多，正如越来越多的人选择成为自主执业的医生、牧师、律师。新型组织本身在不断创造独立的企业家与专业型人才，如大量活跃在各行各业的咨询师及汽车、飞机制造厂周边的模具制造商。然而，游轮巨头将其财务交由受雇于大型投资机构的专职经理打理，这些百万富翁的财务大权由这些人掌控，而非自己握在手中。此外，企业家若想获得成功，则须担当起管理者的角色。越来越多的研究表明，创业失败的最主要原因是管理不当。

同样地，穷人也没有消失。但在发达国家，穷人已不再占人口的"大多数"，而是一些遭到社会孤立的特殊问题群体。在美国，穷人主要包括黑人、波多黎各人及生活在西南部的印第安人。他们或是遭受歧视，缺乏良好教育的少数族群，或是在贫瘠边缘土地上耕种，既没有农业知识种不好地也没受过良好教育在城市找不到工作的小农场主，或是无人供养的单身老人，或是带着孩子的寡妇。可以说，这些人是出于歧视"不被就业市场接受"，而非真正的"贫穷"。帮助他们摆脱贫困的关键在于克服歧视，突破个人局限，而非借助社会或经济变革。

当然，中产阶级内部在收入和地位上也有很大差异。但是，每个人面临的机会越来越平等，生活方式也趋于相同。一家大型公司总裁可能收入颇高，但除非他在"二战"前很久便达到巅峰，也就是说他至少已年近中年，那么在收入税的影响下，他不会非常富有。他会根据自己的寿险及养老金数额来评估自己的财务状况，而非根据绝对财富。尽管他工作的地方富丽堂皇，但他在郊区的房子只有九间卧室，女佣休息时会帮太太洗盘子，也会帮女儿和身为化学家的女婿照顾外孙，好让他们出去看场电影。奢侈交易已与私人财富无关，而更多的是组织工作需要，并由组织支付。

大型企业总裁并不认为自己是资本家，尽管他们拥有数额可观的股票。他将自己定位为管理者，这一身份也得到了社会的认同。即使最失败的、从未被提拔过的受雇专业型职员，也不会认为自己是工人，他仍以专业型人才自居，认为自己是管理层中的一员。

当今社会是开放型社会，其阶级划分并非无法改变，并不执着于过去而是着眼于未来。新社会真正实现了机会平等，任何人，只要获得一定教育，谋得一份入门工作，即可加入到竞争中来。其实，平等竞争机会也顺应了社会发展需要：拥有知识的专业型人才做出的贡献越多，这个社会对他们的需求就越大。早在100年前我们就已经认识到，针对黑人的种族歧视有悖于最基本的公平，也是对美国生活价值的背离，但并未付诸行动。然而近年来，黑人拥有的专业技能及不俗表现使得公众在短短15年里对其态度有了巨大变化，黑人获得的机会也切实增多。黑人作为受雇专业型人才获得的机会远比其作为产业工人这样的非专业型人才时多。虽然这颇具讽刺意味，但也是对社会变革的注解。在专业雇员构成的社会，职场公平已不再仅仅是个人对社会的要求、社会正义的体现，也是社会发展的需求、衡量社会运转效率的标准。

中产阶级并非没有问题、没有弱点。中产阶级带来了新问题。在本章之前的部分，我论述了存在于后现代社会的问题：专业型雇员在组织内的地位该如何确定。同样地，这个群体的社会地位与社会职能该如何确定也是非常现实的问题。

在以往社会，雇员很难成为专业型人才。少数的例外局限于一些体面的机构：如教会、公共服务、大学、军队。这样的说法虽势利，但并非没有道理。雇员能成为专家吗？或者，他至多成为技术工人，像原始人那样沦为工具的奴隶？他会成为一名关注社会福祉的公民并为之奔走吗？还是只关心自身利益，信奉"对自己好就是对社会好"的狭隘观念？

我记起一名美国大学校长在1933年亲眼看见的一件事情：一所拥有悠久历史的德国名校被纳粹高层接管。"这个人在接管仪式上发表了粗鲁不堪的讲话，侮辱了学校里的每一位高级学者，对学习、学术诚信等校训不屑至极。然而，当他要求在座各位教授提问时，所提出的问题却是植物学系会获得更多的经费吗？法学院的图书馆能不能扩建？能聘请更多的助教吗？当教授得知只要愿意合作就能获得高额经费时，他们都坐了下来，表示同意。"

这位校长继续说："让我久久不能释怀的是，如果将我的同事置于同样的情景，他们会做出不同的选择吗？他们崇尚自由，勇敢地表达理想，那么当他们面临抉择时，会只关心自己的科研项目，只过问自家事宜，只为自己的学术成果承担责任吗？"

这些问题可以一直追溯到亚里士多德。亚里士多德是第一个赞扬中产阶级优良品质的人，首次提出只有公民才有资格成为中产阶级。不过他所谓的"中产阶级"，是指既不太富有以至于需要费心打理其财富，也不太贫穷以至于需要工作养活自己的人。需要工作的人无法成为公民，但我们对"中产阶级"的新定义却是雇员，是需要工作的人。

我们可能会觉得亚里士多德有些悲观，但其中反映出的问题却很现实，并非社会责任一类的老生常谈能够化解。这一问题的核心是后现代社会中的"美德"。

将这一问题展开来论述，显示了中产阶级这一源于组织的新社会形态已极大地改变了社会性质。这一问题并非像"现代"社会问题那样源于"社会力量"，而是源于个人价值观及个体行为。解决问题的关键不在于经济改革或社会改革，而在于教育系统的锤炼、社区的内涵引导及其领袖的亲身垂范。这一问题与社会正义、商业机遇无关，而是关乎权力与知识所承载的分量与责任。总之，这一问题不是为民主社会争取胜利，而是在一个实现了机会民主的社会，怎样让强调社会责任的贵族价值观发挥效力。

动态秩序中的自由

一个社会的哲学本质、它的秩序原则，比社会结构、社会地位、社会机遇、经济事实等概念更为抽象，却更有力度。社会结构决定人们的行为，但社会秩序遵循的哲学思想却决定人们为何这样做，决定人们会期待什么、接受什么，即人们的理想及价值观。

新型组织的出现改变了我们对"好社会"的界定。这表明社会中的个体有了新的理想，社会秩序也被赋予了新的目标及含义。集体主义与个人主义这两个延续数百年的社会概念已不再被接受。

新型组织与这两个概念都不兼容。它需要超越它们，重新界定个人与集体的关系。这应是一种共荣关系，不存在对立。个人和社会是彼此的延续，它们相互受益、相互增强，而非相互限制。集体主义与个人主义表达的是一种静态、机械的社会秩序（即便是"有机状态论"也并非有机，而是将生物体看作机械组装品），而新型组织传达的是动态秩序。新型组织凝聚了意志、决策、责任，其总体力量远大于个体之和，但前提是它的每一个组成部分，即每一名专业人员，切实承担起专业责任。

个人主义与集体主义均不能很好地概括社会秩序。个人主义的局限在于组织化社会的存在。集体显然不是为特定目的忙碌的个体之和，而是真正的实体。它的存续时间长于个体，有自己的行为、自己的逻辑。比如"德国"便是一个集体。即使它的行为与个体信念相悖或有损个体利益，它其中的个体也愿意为之献出生命。

集体主义的局限在于个体的存在。汉斯·穆勒（Hans Mueller, 常见德国男子名）或许愿为名为"德国"的集体献身，却不可能完全受其控制，或完全被其涵盖。

在集体主义、个人主义中二选一，更多的是文字游戏，而非现实写照。这两个主义是标语、口号，而非真正的社会秩序原则。若将它们当作绝对真理看待，在理论上不可取，在实践中行不通。有教条主义者将其付诸实践，或演变为暴政，或招致一场灾难。然而，集体主义和个人主义与现实相近，可以反映个体偏好；在传统权力下也可以实施。它们曾像两个坐标原点，以此出发探寻人类社会中关乎自由与秩序的核心问题。

但这已成为历史。30年前"人际关系论"的内涵对管理学思想产生巨大影响并非偶然。人们在工作时是工作的人，这样的观点没什么特别，却很难被个人主义者与集体主义者接受。个人主义者只看到工人，却看不到工作集体；集体主义者只看到工作任务，却看不到其中的个体与领导者拥有的权力和掌控力。

如今的组织是由个体组成的集体，是真正的社会实体。其中的个体是其行为的主体，为自己的行为负责。他们的行为均为自愿。个体成员越像"人"，越不像"机器"，组织就越强大。个体须获得包括知识、主动性、责任、价值观、目标在内的内在、个人化资源，这些在个人主义社会均非必需。

同样地，个人若想发挥效力，不但要找到组织，还要认可其存在，要认同其目标及价值观，并将自己的价值观、知识、努力服从于组织的需求与机遇。

社会秩序的传统观念，无论是集体主义还是个人主义，均将社会和个人摆在相互对立、相互限制的位置。至多其中一方做出"让步"，在两者之间形成妥协。而在新型组织中，社会与个人共存共荣，它们相互促进，互为补充。在传统观念里，两者做减法，相互制约；而在新型组织中，两者做乘法，共同发扬光大。

组织中的个体越发挥人的特质，组织的成就便越大。这一观念已成为管理学关注的焦点，在高级管理学教程中也备受瞩目。反过来，一个组织越规范、越完备、目标越明确、竞争力越强，给予个体探索、发展的空间就越大。这是一种动态而非静止的关系。它由未来状态、未来目标决定，着眼于个人与社会的共同成长、共同发展。

如今，还没有组织能接近达到上述状态。我们仍处在混乱中，宣扬一种道理，却不在实践中运用，不断猜疑、犯错，最终一事无成。然而，即便管理最混乱的新型组织也开始寻求这一理念，探索这一状态；即便一个组织的纪律性再差，也开始以动态秩序中的自由为理想状态衡量自己的行为，不管它对此的认识多么模糊；不管它的理解多么浅显。

新型组织专注探索个体与社会之间的关系，自由与秩序之间的关系。这使得它注定带来伤害，无论它成功还是失败。其间，它承担了一切革新的风险。

但同时，这也是机遇与挑战；在新形势下，向个人与社会之间陈旧、无果的关系宣战。完成这一任务需要具有高度想象力和原创性的社会思潮、政治理论相助，但这也允许我们将新的社会秩序建立在传统价值观的精华之上，并在理想状态下做到最好。

第 4 章 | CHAPTER 4

新 领 域

出生于20世纪的人，经历了太多原有根基的拔起、价值观的转变以及偶像的颠覆。这些人生活在一个革新的时代。

在政治、社会、经济甚至文化领域，革命的出发点都是"反对"，而非"向往"。《虚无主义的革命》（*The Revolution of Nihilism*）是30年前的一本畅销书。虽然这本书是围绕纳粹主义而写的（其作者赫尔曼·劳师宁（Herman Rauschning）是一名顽固的政治家），但这个题目的格式却有普遍意义。20世纪的革命多由仇恨而起；他们试图摧毁而非新建；他们的口号多为"打倒""独立"，而非"为之奋斗""谋求自由"。当然也有一些例外，如罗斯福新政之所以能在黯淡的20世纪30年代引得世界瞩目，就在于它带来的信心与希望；在于它所支持的，而非反对的。然而总体来说，在这一时期，试图传达正能量的人或党派总是以悲剧收场。他们虽心存善意却无建树；虽有教养却不现实。他们像极端破坏者与极端维护者一样，很难获得信服。

如今，这个时代第一次有了可以为之奋斗的新目标，第一次有了建设性工作去做。

起初，马歇尔计划的提出是为了重建。它的目标是将欧洲生产总值恢复至1938年，即"二战"前最后一年的水平。它的任务是抚平战争创伤，恢复欧洲原貌。虽然官方始终以战前经济数据为标尺衡量计划进展，但实际上，从一开始，它的视野、目标就已经发生了改变。参与其中的各方，包括美国与欧洲，很快就将目标锁定为建设崭新的未来，而非对过去的复原。各方致力于开发欧洲的潜力，探究发展所需的机构及所遵循的习惯、路径，以期创造出一个新的工业化经济体及工业化社会。最终，欧洲共同体诞生了，它比之前设想的还要新颖。很快，事实就证明这是唯一可行的出路，修复或革命性颠覆都是不切实际的做法。

仅仅几年之后，我们便已经忘了马歇尔计划的最初目标是修复原貌。当杜鲁门总统在四点计划中呼吁就新任务展开协同协作、共同为欠发达地区的经济发展做出努力时，他理所当然地认为这就是马歇尔计划的延伸。

20世纪20年代，我们做不成这样的事情；30年代也做不成。在"二战"期间，大批优秀人才汇集于伦敦和华盛顿，这也不在他们的战后规划中。我们不缺好的意愿、知识、智慧及领导力，我们缺少合适的任务。现在，这些任务已经摆在眼前。

在现有社会秩序及革命者的权力空间之外，存在着新领域。世界对这些新领域既有构建需求，也可以提供构建空间。即便这空间只是铲平旧有建筑留出的空地。

逐渐地，这些新领域便成为今天的现实；逐渐地，世界性冲突演变成了新任务的领导权之争。

我们在四个领域面临新的需求：在学术领域，一个"知识性社会"已现雏形；在经济领域，经济发展"向贫困宣战"，这既带来了发展与统一的机会，也将欠发达地区与发达地区的人们对立起来，可能引爆国际及种族间的战争；在政治领域，我们需要构建维持新型社会秩序的新制度；在文化领域，非西方文化及文明的衰退，制造了一个真空地带。

上述任何领域的失败都会带来灾难，尤其对西方世界。目前，只有在经济领域，我们知道该如何应对这些需求，好在所有四个领域，所需的工作都可被界定。

这四个领域中的挑战、威胁、机会对后现代社会的影响，将在之后的章节逐一论述。之前的几章，我们集中讨论了后现代社会的特点、思潮、新功能，接下来我们要讨论政策。目前为止，我们一直在探讨"新现实是什么"，接下来，我们要探讨"新现实要求我们做些什么"。

CHAPTER 5 | 第 5 章

知识型社会

教 育 革 命

在当今世界,拥有一大批受过高等教育的人,且这一群体的数量不断增加,已经成为一个国家经济和社会发展的前提,这也迅速成为一个国家生存的基础。这并不是要强调接受长时间正式教育的人越来越多,尽管这也是一个新现象,而是如果发达社会中的个体没有充分接受教育,不能充分发挥潜能,那么这个社会就很难全速运转。没有接受过教育的人无法提供生产力,迅速沦为经济累赘。一个社会,唯有成为知识型社会,才能进步、发展,甚至生存。

知识对于社会的意义及影响,突然发生了巨大改变。现在我们可以把拥有高级技能或丰富知识的人组织起来,通过制定负责任的决策,实现通力合作。受过高等教育的人已成为当今社会的核心资源,这类人才的数量也是衡量一个国家经济、军事、政治潜力的标准。

人类社会在过去的 50 年发生了一次彻底反转。直到 20 世纪，还没有哪个社会能供养太多人接受教育，因为一直以来，受教育意味着没有生产力。

> 美国最大企业之一的首席执行官，当他在 1916 年申请第一份工作时，不敢承认自己拥有经济学高等学历。"我告诉面试官，我自 14 岁起就是一名铁路职员，否则他们不会雇用我，因为我的学历太高了。"即使到了 20 世纪 20 年代末，当我开始找工作时，英格兰或美洲大陆的商业公司在雇用初级职员时，所能接受的最高学历为初中。

哪怕只接受过一点教育的人，也会扔掉锄头，不愿再进行体力劳动，这似乎是明摆着的事实。毕竟在所有欧洲语言中，"学校"这个单词都是由希腊语"休闲"一词衍生而来的。

为养活更多的受教育者，社会要对"生产者"进行全盘剥削，或制定严苛的规定让他们工作，不能接受教育。伯里克利时期的雅典（Athens of Pericles）曾出现过短暂的教育繁盛，但那是建立在奴隶大扩张的基础之上。意大利文艺复兴创造了学术和艺术辉煌，但在那一时期，农民和工匠的经济社会地位急速下降。

理想主义者试图将劳作与教育结合起来，以打破上述"铁律"。这一思潮可追溯到《圣本笃会规》（Rule of St. Benedict）。19 世纪中叶，爱默生（Emerson）宣扬的新英格兰超验主义传承了这一思想。在他看来，农民应该一边拉犁，一边读希腊语的《荷马史诗》。当然，这根本行不通。本笃会僧人觉得这有碍于他们对人类永恒福祉的救赎，很快就将耕地让给佃农和农奴，专心向学。在爱默生去世前很久，关注耕种的新英格兰农民便放弃了荷马，也离开了新英格兰，迁往中西部的肥沃土地；关心荷马的农民则放弃耕种，成为律师、牧师、教师或政客。由此可见，只要体力劳作是生产力的真正来源，"铁律"就很难被打破。

像所有的美国人一样，托马斯·杰斐逊（Thomas Jefferson）崇尚高等教育，也笃信众生平等。他认为自己一生最大的成就是创建弗吉尼亚大学及参与起草《独立宣言》，而非担任美国总统。但即便如此，在他的教育规划中，高等教育也只能向一小部分精英开放。显然，只有很少的人能从体力劳作中解放出来。

而在今天，前殖民地地区受教育人才的缺乏已经成为阻碍地区发展的绊脚石，似乎仅凭这一点，就能反映出帝国主义的罪恶。不过在 50 年前，教育在社会需求中还排不到首位。洪水治理、领土划分、均衡税负、发展农业、修建铁路、清除腐败等要务均排在教育之前。那时，对殖民者在教育领域的批判是强迫太多人接受教育，不仅摧毁当地文化，还创造出一批无法被雇用、接受过太多教育的无产者。那时，受教育人才对社会来说仍是奢侈品而非必需品，人们接受教育，只不过是为享受贵族生活做准备，而不是为从事生产性工作。

在 40 前，也就是我的童年时代，学校仍认为教育是"无须工作者"专享。他们叮嘱受过教育的人不能看不起诚实的劳动者，而这一传统自公元 1 世纪塞涅卡（Seneca）时代就已经开始。

教育扩张的范围

30年前，只有1/8的美国工作者上过高中。今天，每5个美国高中适龄青年中就有4人接受高中教育。20年后，当今天的中产阶级都已经退休，那时的美国工作者都将拥有高中学历。在这一方面，我们已经取得阶段性成果。

更令人振奋的是学院及大学在校生人数的猛增。30年前，这一人群占适龄人口的比例甚至不到4%。今天，这一比例已升至35%，且计算这一比例时，也考虑了对上大学一无所知的南方黑人及"贫穷的白人"群体。在大城市，这一比例已将近50%，即使像底特律等以工人阶级为主的城市也是如此。不出意外的话，再过15年，全美国也能达到这一水平。到那时，大城市中将有2/3的年轻人接受高等教育，几乎不论其收入、种族、性别。

30年前，每100名美国工作者中，至多有3人是大学毕业生。如今，这一数字已上升至18人。再过20年，即便出乎所有人的意料，上大学在全国的普及程度仅与目前大城市的普及程度相当，这一数字也将达到35。

最重要的是成人教育在蓬勃发展。50年前，只有那些童年时没有受过正式教育的成年人才会接受成人教育。成人教育主要针对教育弱势群体开设，如不会说英语的南欧移民，或14岁就开始工作，想提升自己的人。在英格兰，成人教育主要由"工人教育联盟"及"家庭大学图书馆"提供，这两个项目均向工人及职员提供标准学校课程。德国的业余大学也发挥同样的作用。

在过去 15 年间，成人教育在美国的发展速度比大学教育更快，且成人教育的重心已逐渐转为高学历人才进阶教育。对经验丰富、小有成就的内科医生而言，每隔两三年回学校进修一段时间已成为惯例。进修课程在教师群体中也广受欢迎。有将近 50 所大学及多家大型公司、专业管理机构为企业的中高级管理者提供高级管理课程，这些人早已获得大学或更高学历。而在"二战"前，这样的项目只有两个，且都在起步阶段，都在努力寻找生源。

教育革命在苏联更具轰动效应。30 年前，苏联只有一小部分人具有最基本的识字能力，这部分人的数量甚至比沙皇俄国时期还要少。苏联教育浪潮在 20 世纪 30 年代中期开始。今天，由于苏联的人口基数更大，因此苏联受过中等或更高程度教育的年轻人所占的比例比美国略低，但两国的绝对数量正在迅速接近。

不过就全国总人口来讲，受过教育的苏联人所占的比例仍然非常低。苏联高层中只有为数不多的人受过初等正式教育；40 岁以上的苏联人中，高中毕业生所占的比重仍然非常低。不过在苏联，教育显然已经成为现代工业化社会的资本资源。苏联之所以能取得今天的成就，很大程度上归功于集中资源、时间、精力建设知识型社会。

瑞典和墨西哥两个国家除在发展教育方面取得突出成就外，并无共同之处。在过去的 30 年间，瑞典这个欧洲国家基本上普及了中等教育。而自 20 世纪 30 年代中期起，墨西哥便没有国防开支，教育成为国民支出第一大项。在主要西方国家中，虽然英国及法国受教育人才的质量相对较高，但其占比并没有比 1930 年甚至 1913 年有所增长。这与他们在"二战"后遇到的发展阻力最大是巧合吗？在英格兰，由于大量受过高等教育的年轻人移民海外，因此能留住的人才更少。

我们正在经历一场教育革命。知识不再没有生产力，不再无法生产货物与服务。在新型组织中，知识是生产力的主要来源。如果一个人只靠或主要靠双手工作，那么他的生产力越来越差。如今社会经济中的生产性工作主要依托视野、知识、观念完成，双手已被头脑所取代。

因此，社会对受教育人才的需求永无止境。相反，受教育人才越多，社会对其需求就越大。受教育人才已成为发达社会的一大"资本"。与理发师不同，选择医生服务的直接影响是这将挖掘新的需求、机遇及未知领域，使得社会需要更多医生，需要更多医学及生物学研究。其他领域也在经历同样的过程，其中在经济生产和配送领域尤为突出。每一位工程师、化学家、会计、市场分析师很快便可在专研领域为拥有知识、理念的人创造需求与机遇。

上述观点看似显而易见，但由于它太新，还未得到广泛认可。比如在会计领域，其科目及计量仍沿用18世纪准则，认为体力劳动创造全部价值。他们将体力劳动称作"生产性劳动"，将脑力劳动称作"非生产性劳动"或"管理费用"，带有明显的道德批判色彩。当经济学家讨论"资本"时，他们鲜少将"知识"考虑在内。然而今天，知识已成为唯一核心资本。受教育人才的成长是最重要的资本形成过程，他们的数量、质量及利用情况是衡量一个国家财富制造能力最有意义的标准。

对社会的影响

今天所谓的"自动化"，指的是由知识、理念完成的工作对体力劳动的迅速替代。这是知识型社会带来的首要转变。讨论自动化的精髓是在于具体的机械技术,还是在于工作性质基本概念的改变,显然没有太大意义。

接受过12年或16年正式教育的人会对自己的工作有所期望,这份期望是体力劳动无法满足的,无论报酬有多高。毫无疑问,这是推动自动化发展的核心动力。他们希望工作时能够运用知识、理念,拒绝从事与自己所学无关的工作,也就是体力劳动。或许,他们能接受属于半脑力性质、只需一点技能的工作,这样的工作也有很多,不过他们还是期望从事脑力劳动。

在美国,大城市中的年轻人至少会接受高中教育,工厂中的装配流水线已经被淘汰。运转流水线所需的劳动力已经很难招到。拥有高中学历的年轻人不想像机器工具一样工作。此外,让拥有高中学历的人从事半体力或体力劳动,也是对有价值的、昂贵的珍惜资源的浪费。

在未来,每个人,或几乎每个人都能接受过去上层阶级专享的教育,并期望获得与上层阶级一样的机会。然而,只有一小部分人能够随意选择工作。这也是为何我们须使每一项工作都有意义,能满足受教育人才的需要;为何新型组织需要协调好职能、级别、奖励、责任之间的关系,不仅为专家,而是为所有受雇的脑力劳动者。

上述期望有多超前,看看人力资源管理领域的情况就知道了。这一学科兴起于"一战"时期,距今不到50年的历史,但它的理念及设定已经过时。它的原则、规范、实践、程序均源自机械工人的经验,而这些工人大多来自冶金行业,是非技术或半技术工人。今天,即便在制造业,大多数工人也已经升级

为脑力劳动者。在过去的机械工人时代，这些理论能有多大用处仍有待讨论，而未来员工均由知识型社会打造，在如何管理未来员工这一问题上，这些理论更显单薄。

教育革命对世界经济产生了同等程度的影响。一个国家的教育实力与其自然资源、工业设施一样，已经成为影响国际贸易、经济发展、经济竞争力的关键因素。最重要的是，发展教育已经成为贫穷国家所面临的核心问题。

多个欠发达国家的教育支出占国民收入的比重，比美国还要高。但是，当我们抱怨美国仍有 1/5 的年轻人无法完成高中教育时，这些国家还在为保证 1/5 的年轻人接受初等教育而挣扎。它们的财政无法负担一个识字型社会的花费，更不必说知识型社会。

教育不平等是一个严重的国际问题、种族间问题。它将不可避免地进一步加剧不平等程度，使富人更富，穷人更穷。

教育领域的国际援助与合作具有很好的发展前景。为欠发达地区的教育发展提供资金援助，帮助它们厘清发展教育的目的、结构及路径，既有这方面的需求，也有实践的机会。此外，还要针对人才培训开展系统合作，尤其是未来教师培训。最重要的是，发达国家，尤其是美国应将协助欠发达国家发展教育纳入国策。

教育竞争

有种说法是"滑铁卢之战赢在伊顿公学的操场"，也许是吧，不过没有人说赢在伊顿的教室；还有人说"普鲁士的校长打赢了普法战争，创建了德意志帝国",不过很久前这只是一句笑话。人们还是将胜利归功于德国的铁路和军备设计师。

然而,随着苏联"斯普特尼克"号人造卫星升空,旧时的笑话已经成为灰暗的现实。一个国家的高等教育水平直接决定其军事、技术及经济潜力。在超级大国及终极武器时代,高等教育是唯一一个可以争先的领域,可以争取决定性优势的领域。

因此,教育革命对国家之间实力对比和国际政治的影响最大。这使得受教育人才的数量成为国家之间竞争的决定性因素,不仅为争夺领导权,甚至只是为了生存。

由此可得出的结论简单、新颖:百年大计,教育第一。

国际领导权不仅由国家实力决定,政策也起到同等重要的作用。国家实力无法取代政策的地位,而有目的、有原则、有魄力的政策却可以弥补实力的不足,并且已经多次为实力较弱的国家争得国际话语权。

因此,在教育革命时代,国家政策仅考虑受教育人才的数量已经不够。一个国家拥有工程师、科学家、语言工作者、医生的数量,就其本身而言并不说明问题。即便一个国家尽最大努力,让尽可能多的国民接受教育仍然不够;也就是说,毕业生具有工程、科学、法律、语言、医学知识还不够,他们不仅要有知识,还要有教育觉悟,能够制定、理解、支持有目的、有原则、有魄力的国家政策。

于是,这又回到教育的话题。教育革命产生的最深远的影响还是在于教育本身。它引发了关于教育价值、目的、结构、工具等基本问题的讨论。一方面,教育已经成为核心资本投资,高学历人才已经成为社会的核心生产资源;另一方面,高等教育即便再"高",也不再为精英专享,发展大众教育是其必经之路。

社会资本投资

在新教徒看来,阅读《圣经》才能实现救赎,因此大众需具备基本的识字能力;在人文主义者看来,能够读写古典文字是个人获得卓越成就的基础,因此上层阶级需要接受高等教育。虽然这两种观点已经有所式微,但它们在教育思想中仍占据统治地位。

然而在知识型社会,大众均需接受高等教育。这是一个社会取得卓越成就的基础,甚至是生存的基础。

对新教徒及人文主义者来说,教育成果由个人享有,与社会、经济无关。教育尽管不可或缺,但却是一项文化支出,无法对社会生产力做出贡献。

不过在知识型社会,教育是一项资本投资。它同时决定其他多项资本投资的效率及生产率。

教育工作者通常不赞同从经济学视角对教育进行分析。在他们看来,教育的"产出"是受教育者获得知识、责任感,变得出类拔萃,而不是能够生产货物与服务;人文理想及人文层次是衡量教育水平的真正标准。在教育工作者看来,"为教育标上美元符号"是对教育的贬低。

在知识型社会,个人获得知识、责任感,变得出类拔萃依然是教育的目标,人文理想及人文层次依然是衡量教育水平的真正标准。这些都没有改变。教育成为主导性的资本投资,只会更加凸显上述优先项及价值观。不过教育从社会支出到资本投资的转变,意味着我们可以从经济学角度对教育的功能、需求、贡献进行分析。经济学在分析费用时,通常会考虑:费用会不会过高?而在分析资本投资时,则会问:投资会不会不足?

经济学分析

基础性的社会资本投资享有国民收入的优先支配权,当然,国防开支除外。所有经济学流派都认同这一观点。基础性的资本投资不可被推迟。如果被推迟,那么受教育人才及其贡献也会随之受到永久损失。

资本投资若被误认为运营费用,则会被误计为经常费用或性质待定项目的附加收益。它只是"支出",不能产生"利润"。如今,教育仍以此方式计量,即便在苏联也是如此。资本投资的价值由其产生的未来收益决定。现在需要在教育上投入多少,才能在15年或20年后收获硕果?除非我们沿着这条思路发展教育,否则按照资本投资规则,我们将投入太少,浪费太多,收获甚少,甚至颗粒无收。这一模式下的教育水平至多在"培训"级别,或许在过去的初级技能行业还能有竞争力。

如今,教育已经成为最先进的资本投资形式。一项资本投资越是先进,其产出越多,收益率越高。不过,一项资本投资越是先进,其实现最大产能所需的时间也越长,所需的最低初始投资也越高。

每位产业工人所需的教育投资已远高于他身上的其他各项投资之和。在过去30年间,每位美国工人身上的厂房与设备投资从远低于1000美元升至10 000美元以上。而30年前,工人通常接受5年正式教育,投入在1000美元左右;如今,工人大多为高校毕业生,接受16年左右的正式教育,投入已升至25 000美元。此外,工人参加工作时间由14岁推迟至 21 岁，对社会来说，这又是 15 000 美元左右的机会成本。因此，每位工人的教育投资共计 40 000 美元，是他身上厂房与设备投资的 4 倍（学生的生活开销是教育花费的一部分，但并不计入教育投资。因为无论接受教育与否，他都要吃饭穿衣）。

与此同时，作为一项先进的投资形式，教育投资也有着最高的生产率。在 40 000 美元的教育投资中，高等教育的投入占到一半，包括实际开支与机会成本，约有 20 000 美元。然而，在毕业后的 30 年里，大学学历将会为毕业生平均带来 200 000 美元左右的收入，除此之外，还没有哪项投资能承诺 10 倍的投资收益，即将 30% 的年收益率维持 30 年。

当然，用这种方法衡量教育投资的生产率并不恰当。主要原因是它低估了真实的收益率及教育投资的真实"效用"。在知识型社会，生产率提升的主要受益者并不是带来提升的受教育人才，而是普通工人，尤其是工业工会中的半技术工人。从经济学角度来讲，他们的贡献很小，甚至没有贡献。

只有受教育人才的财富创造能力，在毕业后连续 20 年持续增长，教育的超高收益率及长产出周期才能实现。如果做不到这一点，这项投资对个人及社会来说，很可能都是损失。当然，这并不意味着教育的成败与否，要由它带来的收入衡量。这里绝无此意。不过，如果教育无法将人塑造为一个更强大、更好、更投入、更优秀的人，一个更具生产力的人，这样的教育，我们负担不起；如果教育不能增强个人为社会做贡献的能力，这样的教育，我们也负担不起。

如果一个项目无益于人格的不断成熟及贡献能力的不断提高，那么它就是无用的，或者说是有害的。某个项目或许能帮一个人找到工作，或许能帮他在第一份工作中做得很好，但若是以此来衡量教育这一长周期高级投资形式的效率，却是不切实际的，并使真正应受关注的领域承受巨大损失。在知识型社会，对于教育，最实际的衡量标准是它能否为毕业生做好准备，使之毕业后 15 年都能应对工作的需求。我们生活在一个革新的时代，实用的教育应帮助学生为尚不存在、尚不能准确界定的工作做好准备。要做到这一点，他必须学会如何学习，必须清楚还有多少尚待学习，必须拥有分析、表达、理解的基本能力。最重要的，是必须有自我发展的渴望。

若以此标准来衡量，迄今为止，还没有哪个教育体系出色地完成了任务。

> 如果报道属实的话，那么苏联人不培养"工程师"，甚至不培养"生产工程师"或"钢铁生产工程师"，而是培养"轧钢工程师"或"平炉工程师"，即精通某一细分领域的人，他们即学即用，却对其他领域知之甚少。
>
> 这里并不是说苏联的"平炉大师"无法进步，无法连续 30 年提升贡献值，但这一概率非常小。大批青年本可为社会做出全面贡献，却无法施展抱负，永远困在"平炉"制造的方寸之间。而 20 年后，平炉或许已被淘汰。

教师与教学

与其他投资不同，教育的"关键因素"在于人，在于人的能力、竞争力及奉献精神。可以说，教师将教育变成可能。

如果教育投入是一项文化费用，那么在经济学意义上，教师就是奢侈行业工作者。奢侈行业不需要太多从业者。尽管他们拥有高级技能，却无法获得高薪，因为经济学只论贡献多少，不看能力高低。

就教师数量来说，上述情况已经发生改变。在美国，教师是数量最大的职业群体。教师的数量已达 150 万人左右，比钢铁业、汽车制造业、飞机制造业的人数还要多。不过教师的数量还是不够。20 年后，我们对教师的需求将达到今天的两倍。单是高等教育领域，我们就至少需要 50 万名新教师，这一数量是今天所有从事汽车制造业的人数之和。而即便教师数量达到上述规模，每个班级的学生人数还是比理想状态要多。

然而，就教师薪酬来说，教师的境遇并没有得到改善。我们延续了奢侈行业的传统，付给他们尽可能低的薪水。

显然，我们应该提升教师的薪酬。教师的数量已经翻了一番，教师的工资或许也应该翻一番。虽然待遇提升早应兑现，但与此同时，只有对教师的表现提出更高的要求，高薪资才能更具合理性。

教师与其他传统奢侈行业在一个重要方面存在区别：没有明确的评价标准。原因很简单。金匠、皮革工人的表现很容易就可衡量。那么该如何评价一位教师的表现？何时评价，现在还是 20 年后？由谁来评价？教师具备哪些因素才算优秀？我们很难回答这些问题，因此，还没有哪个领域像教师一样，对平庸之辈或不称职人员，有如此高的容忍度。这种情况在中等与高等教育领域尤甚。不管在哪里，优秀教师总是无法得到应有的酬劳，而不称职的老师，尤其是高校教师，不仅酬劳过高，而且带来的损失远超过他的工资。那么，在主观判断及个人喜好之外，该如何评判一个教师的水准呢？

如果说教育，尤其是高等教育，是社会资本投资的高级形式，那么我们应对教育的过程进行更为深入的探讨。好教师的出现不能只靠天分，这远远满足不了需求；我们也不能只靠高薪将优秀人才吸引到教师岗位并将他们留住。我们需要教学论以供人学习，需要评价办法来评估教师的表现，哪怕这办法再粗糙也没关系。

教学论的发展是一个缓慢而艰难的过程。每一位老师都知道，教学既需要激情，又需要技艺。然而，即便好莱坞也无法培养激情，因此，我们需要更好的教学工具来弥补不足。我们需要更好的新工具，因为对于教育这一昂贵的长期投资来说，教师是其关键因素。我们必须帮助他们集中精力发挥其不可替代的作用，让其他因素"自动"运行。

最不认同上述观点的，是认为在印刷书籍的帮助下，教与学已完全实现自动化的人。他们对这一成就备感骄傲。不过，印刷书籍只是辅助人类开展教学活动的机械工具。在它的帮助下，教师可以集中精力，做好只有人才能完成的工作。印刷通过自动化实现了信息的批量传播。正是基于此，现代社会与现代世界观才得以出现；识字能力的普及才得以实现。

在这里，我们并没有试图用教师取代书本，也没有试图用书本取代教师。不过，大众教育需要以其特有的方式唤醒渴望，呈现知识与思想，扩大教学范围，这些与识字能力的普及同等重要。收音机、电影、数据自动处理设备、电视等新的批量信息交流工具，能够同时接收和传达完整序列，具有开展集中教学的潜力。或许这就是我们需要的提升教学标准的新工具，并借此向学生传达优秀教学的真正标志：陶醉于卓越。

如何负担教育费用

由于教育已经成为社会资本投资的关键要素，因此，如何确保教育获得足够的财政支持，也已经成为重要议题。在不远的将来，即便在最富有的国家，教育年支出也将超过以往，并且，教育开支将成为除国防外，国民预算支出的第一大项。在未来相当长的一段时间内，受入学人数急速增长、教师工资上升、教学硬件增加等因素的影响，教育支出还将持续快速增长。

在这里，有两项要求应得到满足。

一是教育，尤其是高等教育要有广泛的财政基础，不能只靠某一阶层供养。

二是教育不能只靠政府，或主要靠政府财力支持。

上述两点与教育作为高级资本投资形式的特点相对应。简单来说，就是教育的需求总量太大，绝非某一阶级能够负担得起。

在已经发生了教育革命的国家（如美国），局面已经非常明显。如今的美国民办大学和学院，无论是个人基金支持还是教会附属，收到的来自商业企业的资金金额是富豪捐赠的数倍。只是应对今天的需求，个人捐赠就已经明显不足；更不必说在今后，随着入学人数的翻倍、硬件设施数量的翻倍、教师工资的翻倍，个人捐赠即便再慷慨，也满足不了需求。

而在教育革命尚未开始的西欧国家，高等教育开支由纳税人承担。不过，由于政府投入太少，高等教育发展已受阻碍。此外，欧洲税收体系能否支撑高等教育扩张，还尚存疑问。

这里存在一个核心政治问题：对于初等教育，政府显然应承担主导责任。那么，应将主导权交由中央政府呢，还是应像英语国家一样，将主导权交由地方政府？高等教育又该如何安排？初等教育教予学生技能，高等教育引导学生探索思想与知识。西方国家能允许政府独自控制思想与知识吗？政治理论与实践均认为"不能"。

这一问题的症结还在经济领域。除极权社会外，任何一个社会都不愿将其核心资本交由政府掌控。人们无法接受政府对社会核心资本拥有绝对控制权。这与市场经济不相容，与西方社会不相容。

此外，这样做还会降低政府效率。教育这项任务过于庞大，政府必须将权力下放。否则，政府可能被其规模、复杂性、教育政策、教育价值观、教育方向等诸多议题拖垮。此外，将这些议题交由政治因素、行政因素决定，也是错误的。

最后，将高等教育交由政府掌控或完全依靠财政资金支持，对教育发展十分不利。我们需要新观念、新政策、新趋势、新办法。我们需要革新，需要不断实验。而政府，就算它再精明，除了强迫人遵守规范，它还会做什么呢？

其实，理想状态很简单。美国和英国的传统多元化格局，即政府实体、教会捐赠、个人基金在高等教育领域相竞争的局面，应继续维持下去。当然，高等教育绝不可以个人盈利为目的，它的收益必须是社会收益，它的效用必须是公共效用。同样地，高等教育也绝不可完全被政府所掌控，需有相当规模的私人资本在这一领域持续、蓬勃发展。

其他西方国家也应建立类似的多元化格局，这意味着在中等教育，尤其是高等教育领域建立无政府背景的自治机构。与此同时，还应鼓励民营教育机构开展实验，以打破教育部对课程安排的管制，如法国、意大利的情况就是如此。

那么，这一目标该如何实现？即便在苏联，政府也不为教育买单，只为学生预付学费。接受高等教育的学生须在毕业后为国家义务服务五年，其工作岗位事先确定，且工资非常低。可以说，苏联人支付高等教育的方式与17世纪及18世纪海外移民支付横渡大西洋费用的方式相似。他们事先找好潜在雇主为其支付船费，并在到达美国后的5年或10年，在这户人家做工。

然而，通过预支劳动收入来支付学费并不现实。除非在战争时期，政府不会控制个人对未来职业的选择。不过，苏联政策也有其意义，它说明了个人可以利用未来收益来支付资本投资。高等教育具有超高、超稳定的收益率。在美国，虽然大学毕业生已不再是稀缺资源，但大学文凭仍能为毕业生带来10倍于教育投资的收益。而在大学教育尚不普及的其他国家，边际收益就更高了。因此，让毕业生在毕业后偿还其教育支出，即教育资本投资，既合理又可行。每年的偿还金额将在年收入的2%～3%，并不会成为很重的负担。这一举措并不会使高等教育完全摆脱对政府的依赖，如政府仍需提供再保险等措施确保偿还义务的履行，但即便如此，在高度发达的社会，通过现有的银行及保险机构，这很容易实现。

上述举措将带来巨大变革，且最初可能并不受欢迎。不过，它将解决困扰高等教育的资金问题，同时，还可避免政府对社会经济的核心资本投资加以控制。它将证明教育，尤其是高等教育，已成为知识型社会的核心资本投资，从而使教育不再被误认为是奢侈品、社会服务或文明的附属。

当然，这仅仅是一个方案的雏形。在这里展开来论述，更多的是为了证明这一问题确有解决之道，而不是说这是唯一正确的出路。

教育的目的

"为何而教育，这本身就是一个伪命题。"这是每个教师都应懂得的道理。教育以人为本，而非为什么东西。教育的产出并非知识、学问，也不是技术、能力、德行，更不是工作、成功、美元、物品。教育的主体永远是人，是人获得知识、学问、德行，是人找到一份工作并获得收入，是人生产物品。

只有人才具备学习的能力，也只有人才能成为教育的对象。每一位经验丰富的教师都知道，自己从教多年的真正回报，就是"学生突然开窍"的珍贵瞬间。每一位做过学生的人也都知道，知识是自己学来的，而非老师教会的。即便一个教育体系的目标是摧毁个性、培养毫无性格的机器人，首先，它也要把人作为教育对象。

因此，在知识型社会，要探讨教育的目的，首先应讨论以下问题：我们要通过教育培养出什么样的人？为让学生取得至高成就、做出最多贡献、获得最大成功、取得最长远发展，学生要学习哪些课程？

社会属性

自学校出现的那一刻起，教育便有了社会属性，教育也为社区和社会而存在。如果没有学校，只有苏格拉底和一个学徒在橡树荫讲学，那么，教育就可以这个学生为起点，照顾他的天赋和需求，以他的最优发展为目标。这就是卢梭（Rousseau）在《爱弥儿》中描述的教育的理想状态。书中的主人公爱弥儿（Èmile）享有极大的自由，但却被禁止去学校。

进步主义教育者认为，教育应根据个人的能力和意愿开展。不过，即便在最极端的教育实验中，具有不同能力和意愿的孩子也要掌握相同的基本技能。虽然学生可自由选择课程，但这并非没有限制，否则单是连教师数量都不够。此外，对个体的强调通常会使人忽视个人所受的压抑，也不利于个人适应群体生活。

学校必须在学生中树立一个通用典范，学校教育必须遵从社会的期望。它的教育政策、课程设置、结构、方法应体现当下社会的本质及其对未来的期许。有句古老的拉丁语格言"Non scholae, sed vitae discimus"，是说"我们不是为学习而学习，而是为生活而学习"。尽管学校频繁引用这句格言，但我们很难相信学校会认真践行。如教学组开会讨论课程要求时，就基本不会考虑到这一点。不过，学校教育为社会而设，这一点毫无疑问。

教育学者经常说，教育是社会的母体，但事实并非如此，教育没有这么大的功力。在任何一个社会，除教育外，还有家庭、朋友、教会、书本、艺术、自然等诸多因素在起作用。其他因素的作用可能非常有限，如在斯巴达、苏联的集体教育模式下，孩子很小就被接出来过集体生活，但其他因素的影响却不能完全被忽视。如果屏蔽掉这些影响，反而会将孩子培养成温室里的花朵，经不起任何挫折。

教育不是塑造社会的唯一力量，还因为同样的教育对每个人的影响不尽相同。经常有人说："一个人从耶稣会修士那里接受教育，离开时，便无法再对耶稣会修士持中立态度；他对他们或是非常欣赏，或是非常排斥。"如果属实，那么这反映了教育确实存在极大的影响力，尽管这影响力或许与教育者的初衷存有偏差。耶稣会修士肯定不希望自己苦心传播的社会观与反教权论存有关系。

然而，教育仍是主要社会力量之一。"让政治远离学校"是一项古老的诉求。只要政治意味着党派纷争、集团赞助，这一诉求就仍然合理。不过作为一项信仰，政治植根于社会结构的各个部分；它的价值观、运行过程均无法被屏蔽在学校之外，因为在很大程度上，它就是在教育体系中形成的。

> "二战"后，美国在德国和日本开展了再教育运动。尽管再教育者做好了应对困难的准备，但这项运动仍注定失败。战胜国的军队在战败国宣扬和平与民主，这根本没有说服力；而在一国优于另一国的设定下，教育国民不要持有民族主义，也根本站不住脚。不过，再教育者有一项出发点是正确的：教育体系应遵从社会价值观。

任何一个教育体系，无论它多么强调人的因素，也同时在传达社会目标。

依据社会目标的不同，当代西方的教育体系可分为三大类。

一是为统治者而教育，这是英格兰公立学校及"二战"前牛津大学、剑桥大学的社会目标，其中蕴含的个体目标是自制、责任与个性。二是为培养有责任、活泼、高效的公民而教育。自殖民地时期起，这就是美国学校的社会目标，其中蕴含的个体目标是主动性、对他人的尊重及合作精神。

初看之下，欧洲大陆的学校没有社会目标。它的教学目标，部分是培养人文主义知识型人才，部分是为学生今后谋生进行职业准备。不过，人文主义者也拥有社会理想，即专注于工作，坚守自己的意识形态，并尽量不去承担责任。苏联几乎全盘接受了这一教育理念。苏联中学的课程设置就是一个多世纪前，德国文理学校与法国公立中学的传统课程安排。

因此，在知识型社会，讨论受教育人才应具备什么素质，其实是在讨论：社会对教育有什么要求？作为知识型社会中的能量和动力，开展教育是为了什么？

通识教育 vs 专才教育

国内外教育界连续多年都在争论同样的问题：教育应专注于培养通识人才，还是某一领域的高级专家？我们应更重视人文学科还是科学学科？我们应以知识为目标，还是以操作能力为目标？应提倡学中学还是做中学？教育应偏文艺，还是偏实用？教育的目的是陶冶情操，还是养家糊口？

虽然这些问题仍在热议中，但已不再具有实际意义。如今的学生，在接受通识教育的同时，还要成为某一领域的专家，精通其专研领域的各项知识。他既需要人文知识，也需要科学知识。他需要系统地学习人文学科，并以人文的视角审视科学学科，从而理解它们的哲学基础、逻辑和价值观。他需要完整的知识体系，并进行系统的学习，但同时还要将知识应用于实践，而这只有"做中学"才能实现。

也就是说，他既要学富五车，又要通过卖力工作谋生。

通识教育与专才教育之争通常围绕学科展开，然而很多学科却很难界定是通用还是专业学科。例如，没有比盎格鲁-撒克逊语法更专业的学科了，而电流学却涵盖了物理、技术、数学、逻辑学、认知理论、信息理论等多个领域的知识。不过在分类时，人们却将盎格鲁-撒克逊语法归为通识教育，将电流学归为专业教育或技能培训。由此可见，通识教育与专才教育的划分与学科无关，而是由教授方式决定。

> 部分高校设有专业课程讲授莎士比亚作品中的具体细节。的确，莎士比亚的作品一般以这种方式教授，而非通过戏剧文学课程。我学过的最为"通识"的课程出自一门高度技术性的学科：海事法。虽然课上只讨论案子的具体细节，但涵盖的内容却涉及了西方社会、西方科技、西方法律思想及西方经济。尽管我之前教过哲学和历史，但教授通识课程是从15年前教管理学时开始。管理学通常被归为技术型学科，但实际上却是人类行为和价值观、社会秩序、学术探索的综合。

在知识型社会，要想成为高效人才，无论从事何种工作，都要拥有一些基本知识和技能。他要有关于人的基本知识，知道一个人的伟大之处、悲惨之处，一个人的个性、成长过程和社会关系。他需要对系统探究即"科学"有基本的了解，知道它的研究路径、演变过程、基本假定及主要理论。他需要具备想象、分析、规划、解读、传达思想的基本能力，即"语言"，当然，这其中包含数学语言；他还要具备想象、感知、规划、解读、传达经验的基本能力，即艺术。同时，他还应在某一领域力求卓越。这意味着专门化，因为他无法做到样样精通。这意味着为工作而教育，即实用教育。

一个人所拥有的特殊技能，在新型组织中不断成熟并发挥作用。作为一名专业型人才，他必须拥有足够的知识储备，并将自己的工作与之相关联，才能确保自己有用武之地。因此，他必须有通识教育的基础，必须以思想和经验为工具。这些都是通用的，不分专业。

> 工程学院与商学院不愿开设人文课程，认为这些课程太过"文学"。然而，如果一位受过高度训练的工程师不会读写，无法表达自己的思想；或是一位受过高度训练的会计无法验证会计数据中隐藏的假定，那么，他们都无法发挥作用。这种现象在欧洲和美国都非常普遍，令人担忧。

15年后，所有种类的工作都将变得与今天不同，都将需要新的知识和技能，带来新的机遇与挑战。因此，真正实用的教育应教会人如何学习，如何发展新技能，如何理解，如何成长。正是一个人打算赖以谋生的专业，才最需要用通用的甚至哲学思维来教授。在未来的15年间，他所从事的职业很可能不再与所学专业相关，这使得通识教育显得更加重要。

教学生学习"工时测定"，很快他就能学会这项赚钱的小本事。不过，除非学生结合对生产过程的理解，将其作为一项基础学科进行学习，明白它的前提假定和原则，知道它的局限和尚未解决的问题，否则，即便从庸俗的角度来讲，学生接受这项训练也是在浪费时间。同样地，单是为获得提拔进行学习，甚至为几年后保住工作进行学习，都不会使他受益。

迄今为止，我们还无法做到以通识教育的思路教授专业学科。我们仍在教授技能，而非知识；仍在强调已有问题的解决方法，而非今后将面临的问题；仍只着眼于第一份工作，而非兼顾整个职业生涯。不过，我们越来越深刻地认识到，只有为专业本身赋予通识意义，才能将学生培养成有所建树的专家；也越来越理解 700 年前伟大的中世纪哲学家、教育家波拿文都拉（St. Bonaventura）的这句名言：每一条知识、每一个学科都源于对终极真理的理解和爱，并最终回到那里。

一旦理解了上述道理，关于通识教育与专才教育的争论便不再有多大意义。我们既需要实用的、使人有用武之地的通识教育，也需要通用的、兼顾成长、发展、责任的专才教育。

做中学

我们的学校教授音乐史及艺术欣赏课程，却鲜少教授如何拉小提琴或如何挥笔作画。尽管关于做中学的讨论有很多，但操作性质的学科依然不被学者认可。在知识型社会，知识型人才需要通过操作才能获得的技能：手工技艺。

单是艺术就能给人直观体验。将艺术排除在教育之外，或仅将它们看作文化装饰品，是反教育的蒙昧主义行为。这最初源于希腊化时代的学究和势利小人，他们认为艺术表演是奴隶和女人才做的事。

然而在知识型社会，学校教育一直持续到学生成年。可以说，对操作型课程的歧视已经对社会构成威胁。如果他们只学习书本知识，就不会知道各项手工技艺的操作标准。接受书本教育的学生，终归受此局限。在考核时，学校只能考核他们学得多好，却不能评价做得多好。他们在实际操作中会有怎样的表现，只能有个大致的预期。

不过美国的情况要相对好一些。美国的年轻人，无论经济状况如何，都会在周末、假期等课余时间打工。此外，美国向来尊重手工劳作，也强调在学校或家中地下室创业。可这些还是不够。

> 我的一位老师曾经说过："当你坐在一架钢琴前，你要么弹得很好，要么弹得很烂，这没有什么好辩解的。你与钢琴大师做同样的指法练习，虽然弹莫扎特的曲子时，你可能永远不会像大师弹得一样好，但你没有理由连指法练习也不如他。"

在艺术领域，即便初学者的表演，也可用专业标准衡量。很少有学生能成为艺术家又怎样，学习三角几何或生物的高中生，又有几个能成为数学家或生物学家。

将艺术划为实用性学科并不合理，也不会有艺术家同意。艺术就是"艺术"，它是一个人对自己经历的直接表达，是创造性的行为秩序。不过，尽管它的实用性有限，但它却是学生接触手工技艺的唯一途径。因此，在知识型社会的人才教育中，艺术教育应被放在一个较高的位置。

教育作为一个整体

教育应兼顾人文、科学、艺术；我们需要实用的通识教育，以及技能与整体观并重的专才教育；个人应在拥有实用的谋生技能、工作取得卓越成就的同时，从哲学角度认识自己的工作。这些理念或许已成为人们的共识。

然而在新使命开始之前，那些旧有的争论不会停止。其间，我们要整合已有的概念和学科，以适应这个后笛卡儿、后现代的新世界。

几年前，运筹学的先驱者之一M. E. 萨尔韦森（M. E. Salveson）博士认为，刚毕业的工程师若想成为运筹学专家，在已有的知识之外，还须熟知29个学科的知识。这29个学科包括高级数学、形式逻辑学、历史学、伦理学、经济分析、组织理论、创新及项目规划、物理学、个人群体激励等。

萨尔韦森博士是一位有思想、学识渊博的人。但是，他的提议却很难实现。即便再优秀的学生，也没有足够的时间学习上述所有学科。每一门学科都与工作有关，但每一门学科都需毕生精力研究，那么，如何才能将它们整合到一个项目中？难道要学4周历史、4周伦理学、4周代数，外加两个创新讲座？

因此，要教授和学习这样的项目，需将概念进行整合，将这些知识归为几个综合体系，将这些技能归为几个学科。

此外，我们还要进一步优化已有的教育体系。总的来说，我们仍认为教育是年轻人的专利。学生毕业就意味着他不再学习，开始工作。如今，我们的教育体系由3个或4个学校序列构成。每一个在设计之初，都被看作是正式学校教育的终结。因此，每阶段课程中都掺入了大量彼此不相关的知识碎片，以此向学生介绍重要的学科领域。这样一来，年轻人接受正式学校教育的时间越来越长，为工作做准备的时间也越来越长。当一名医生终于开始执业时，也就比即将退休的人稍微年轻一些。不同阶段的课程存在大量重复，且太多的内容只是马马虎虎地介绍个大概，并没有作为正式学科进行讲解。

我们要接受两项新规则。一是在知识型社会中，成人接受教育与识字型社会中孩童接受教育一样平常。成人重返学校接受进阶教育，已经成为个人有所成就的标志。在知识型社会，需要一定经验和阅历做基础的课程，只应对成人开放；就像在识字型社会，应在儿童阶段接受的教育，最好在儿童阶段完成。

在每一个专业学科，都有部分内容属高阶、成人课程，如法律、医药、商业、师范、工程、公共管理、军事服务等学科都是如此。其中有些课程，如商业、记者等，只能向有足够相关经验的成人开放。科学和人文学科中有很多领域都是如此。然而今天，我们却将这些内容塞进青少年课程。这样做不必要地拉长了正式学校教育的时间，势必人为地拉长了学生的青春期与未成熟期。此外，由于学生缺乏相关经验，这些高级内容必须做出调整，这也使教学质量打了折扣。这样一来，学校时间虽然宝贵，但却被浪费掉了。

第二项规则是高等教育并不意味着教育时间的延长，它意味着教学目标的转变。在一开始，它就假定 5～6 岁入学的儿童接受 12 年甚至 14 年、16 年的学校教育，并在成年之后再度回归。这意味着所有学科为培养知识型人才这一目标而设，学科课程在不同阶段循序渐进成一个序列，而非在某一阶段集中开设。

艾伯特 W. 塔克（Albert W. Tucker）是普林斯顿大学的一名数学家。他认为，现代高等数学的一些基本概念，如"数""方程""集合"等，应在初等教育阶段和加减乘除四项基本运算一同向学生教授。这才是真正的高等教育。与之相对，如果一个女孩高中 4 年集中学习"家政"，大学 4 年集中学习"家庭经济学"，这并不是高等教育，而是在浪费时间。

如果花 8 年时间在奥地利文理学校学习拉丁语不规则动词用法，这并不是高等教育，甚至算不上任何形式的教育。这项研究并不涉及任何一种现有的或已消失的语言，也不涉及任何文化或历史意义上的文学知识。除了找语法错误外，我们将很少接触贺拉斯（Horace）、塔西佗（Tacitus）的著作。如果在奥古斯丁的罗马时代，从事这项研究日后或许还可以到打字店做校对员。可能因为它没什么实际用处，而且非常占用时间，直到现在，它仍被误归到高等教育范畴。这里我要澄清一下自己的观点：拉丁语当然可以融入高等教育，但前提是它必须以机械记忆以外的方式学习。

在审视教育体系时，我们不能将其看作一个时间序列，而应是一个整体。教育体系的最终产品是受教育人才，由此出发，我们要探究一系列的问题：当学生结束青春期时，应拥有哪些技能、知识、经验、观点？从幼儿园到成人教育，每个阶段应开展哪些课程？学生在各阶段应达到怎样的水准？知识应按什么顺序教授？教育有三层定义：第一层是获得知识与技能；第二层是知道如何学、如何用；第三层是对工作、知识的美、多样性、新奇感充满憧憬并心生敬畏，始终清楚还有未知领域、未毕任务等待去学、去做。那么，在教育的各个阶段，应如何平衡这三者之间的关系？

如今，在发达国家，儿童在学校至少待到 16 岁。因此，没有必要进一步增加教育年限，现在的任务是把学生在校的每一年都充分利用起来。

即便对不准备上大学的美国高中生来说，高中教育的后两年也是在浪费时间。建立初级学院不是解决问题之道，这样做不过是再浪费两年时间。高中教育的后两年，应用来学习大学前两年的课程。这也使得我们重新审视初中教育。在几乎所有初中毕业生都将继续上高中的情况下，初中教育阶段开设"社会研究""科学概论"这样的课程有什么意义呢？

同样的问题也适用于欧洲学校。例如，初中高年级学生为掌握 17 世纪陈旧的甚至已被淘汰的数学运算技能，花费大量时间进行枯燥练习，却不去学习基本数学概念。珍贵的时间就这样被浪费了。这确实是职业准备，但相应的职业基本上已经不存在了。

我并不支持"更为枯燥"的学习，我倡导更有针对性的学习。如果像塔克教授建议的那样，让10岁的孩子接触基本的数学思维，那么它必须以普通孩子能接受的方式呈现，而不要只照顾数学神童。安排给初学者的任务应该更加简练、清晰、循序渐进，但也要认真编排、有板有眼。这一点在优秀教师中已达成共识。总之，教育是一个以目标为导向的持续过程，衡量教育质量的标准是其贡献度，而非教育年限。提升教育年限的斗争已经胜利结束，接下来要解决的问题，是如何最有效、最经济地将这些时间运用起来。

我们应在旧教育体系的基础上，建立新的教育体系。对于旧体系，我希望能取其精华，弃其糟粕。对英格兰公共学校，应发扬其对性格、责任的强调，但要警惕其鼓吹阶级优越感的倾向；对欧洲大陆的公共学校，应发扬其对知识、工作的强调，但要警惕其琐碎、高傲的倾向；对美国的公共学校，应发扬其对公民责任、个人主动性、自愿合作的强调，但要警惕其强调"适应"、易情绪用事的倾向。

我们必须开展实验。我们尝试的方案中，有很多不会完全成功。我们甚至要尝试多种存有高度不确定性的方案。

欧洲访客总是批评我们的高级管理学课程缺乏一致性。通用电气的管理学课程教授与专业管理相关的正式理论。其他的项目，如哈佛大学的管理学课程，则着重分析日常经营中的典型情景。有些管理学课程以讲座为主，有些是案例分析，还有的主要依赖学生自己的书面作业。不过这种竞争性实验，对管理学来说是好事，而非问题。它使得不同期望的学生能找到最适合自己的课程；使得我们可以通过多种途径来快速探究管理学这门新兴、庞大、复杂且依然有些混沌的学科。

不过在现阶段，我们还是要做出一定的妥协。我们只能以现有的学校和教师为基础，还要经历漫长的过渡期。现代西方教育体系仍然保有中世纪修道院学校的印迹，尽管它的设立初衷，是为了与僧侣的生活方式、宗教理想、教育目标、教育方式划清界限。

教育的社会责任

接下来，我们要探讨核心教育议题：知识型社会对教育、教育者、受教育者有着怎样的要求？

首先是责任。教育无法向人传授所有的事情。若对教育有此要求，反而会将教育置于危险境地，近年来美国高中的情况就说明了这个问题。不过，教育必须帮助学生树立公民责任意识，使学生具有很好的自控能力，并积极主动地承担社会责任。

受教育者应将教育视作一项责任，而非权利。受教育程度越高，所应承担的责任就越大。社会需要这些人做出承诺与奉献，要有"我能奉献什么"的态度，而不是"我如何从中获益"。

教育者应承担一定的社会责任。在知识型社会，教师数量众多，有着很高的公共能见度及社会影响力。如今有学者对"大众文化"表示担心，但真正应引起关注的是"学者文化"。"学者文化"很可能就是明天的"大众文化"，但它的内容堪忧。

在美国，延续最久的抱怨是美国有"反智"倾向。有批评称美国不重视知识与教育，这毫无依据。美国的教育系统确实存在一些问题。其中，最大的问题是它试图面面俱到，却只能浅尝辄止，而不是在少数几个领域做好做精。但如果他们真的有反智倾向，对知识充满敌意，他们又怎么会愿意获取尽可能多的知识？美国为何能如此接近知识型社会？那些运营着大型公司的精明商人，为何会如此大方地向大学和学院捐款？他们为何愿意将各学科受过高等教育的人才招致麾下，大量聘用大学教授当作顾问，并出于对教育者深刻而不失幼稚的信任，依据他们的判断与评价来确定未来管理思路？"我们从知名大学成绩排前 1/3 的毕业生中挑选管培生"，这已经成为非常普遍的企业政策。上述种种，怎能说美国对知识或教育存有轻视？

不过，如果说美国对"知识分子"重视不够，倒确有此事。知识分子在美国向来不被信任，不是因为他的知识或所受的教育，而是由于他缺乏社会责任感，并要求享有特权地位。我们从未接受笛卡儿将神造宇宙与精神世界割裂开来的世界观，也不主张凭地位索取特权。然而欧洲的知识分子及其美国模仿者却是笛卡儿主义者，对我们所处的这个庸俗、混乱的世界中的琐事漠不关心。此外，由于他们与"精神世界"打交道，他们还要求享受特殊地位，就像中世纪的"圣职特权"一样。

> 我的一位意大利朋友是个彻头彻尾的"教授"式人物。最近他和我说起一位时尚的罗马女主人，她将一位客人介绍为

"杰出的诗人",而他实际上是一位知名律师,只是每隔很久会翻译印象派法语诗以自乐;她将另一位客人介绍为"著名的艺术评论家",而他实际上是一名铁路机关职员,只是在上学时发表过两篇关于现代建筑的文章。我的朋友接下来略带轻蔑地说起了非常重视本职工作的知识分子。他说:"尽管作为专业人才,律师、医生或公务员拥有较高的社会地位,但如果他们认为工作比文学、艺术或其他思想领域的爱好更重要,我们仍然不认为他是文化人。"

美国人对知识分子的排斥确实有其弊端。它将使人低估知识的力量,且对不懂的地方不求甚解。但这并不是蔑视知识或教育,也不是蔑视拥有知识或受过教育的人。只是说受过教育并不意味着特权,而是责任;并不能索取,而要奉献。

在知识型社会,教育者必须有这样的信念和承诺。

教育必须在高处审视自己的职能,对其目标、规范、产品树立较高的标准。这是社会对教育的第二个要求。

有批评称,随着高等教育向大众普及,美国的教学标准在过去30年或50年间有所下滑。支持或反对这一观点的证据均不能令人信服。不过,有两点可以肯定。

一是无论美国的教学标准是否下滑,都与高等教育的普及无关。标准下滑发生在入学率没有升高的地区,而在入学率几乎呈爆炸式增长的地区,教学标准并未改变。此外,无论教学标准出现怎样的下滑,教育者都难辞其咎:他们对"适应"的强调;他们试图照顾每个学科,却只能浅尝辄止；他们出于对学生和社区的漠不关心，有意识地降低对学生的要求与期望。因此，教学标准的下滑与学生数量的增长无关。近年来，有些地区就提升教学标准做出了努力，使英语学科的教学得到学生和家长的高度赞赏。这也证明，教学标准与学生人数无关。

二是在教育更加普及的同时，我们却没有提升教育标准。这一点更加重要。随着公众接受教育水平的持续提升，人们对下一代的教育期望及对教育的要求也越来越高。

有观点认为，大多数人的智商在100或100以下，达不到上大学的智力标准，普及高等教育只会降低高等教育的水准。初听之下，这一观点好像有些道理。个人能力存在巨大差异，为达到同样的水平，有些人要很努力才能做到，有些人即便再努力也做不到。此外，高强度的竞争压力有悖教育精神。每年法国中学大考前，都会有一波学生自杀潮，这并不是高教育水准的标志，而是野蛮原始的标志。

但尽管如此，上述观点依然是谬论。如果我们在150年前就知道智商这一概念，难不成还要说绝大多数人的智商都达不到学习读写的标准？难道要说普及识字教育将摧毁初等学校？（在当时真有这样的观点，尽管没有现代智商测量技术。）智商并不能衡量智力禀赋的潜能，它只是在传统意义上反映人们对不同智力禀赋的期望。

有观点认为，在过去，大学教育仅对特别出色的人开放。事实并非如此。那时的入学筛选主要基于家世背景，而非智力水平，这点直到今天，在很大程度上仍是如此。然而，没有证据表明如果父亲富有、有影响力，儿子就一定聪明。不过，如果一个孩子的家庭崇尚知识，支持教育，那么孩子的学习能力确实能得到提升，这与智力无关。纽约的历史记录显示，第一代犹太移民中的年轻人在贫民窟过着极度贫困的生活，却一如既往地重视教育。可以说，在知识型社会，学生群体的学习能力与先前基于家世背景挑选出的那批孩子无异，而且随着社会期望的提升，现在的学生有着更强的学习动力。

先天禀赋的差异可能会使学生在高等教育中选取不同的学习路径，甚至学习进度也不尽相同。但无论选取怎样的路径，都要符合高等教育的精神，都要执行高标准。

要提升一个庞大群体的标准，必须同时提升群体的平均水平与最高水平。群体中的少数几个尖子生今天能完成的任务，大多数普通学生要明天才能完成。普通学生今天掌握的技能，早已成为尖子生冲向卓越的跳板。无论进展到哪个阶段，尖子生与普通学生之间总是存在差别。只有他们像棘轮一样带动着共同进步，群体水平才能提升。

> 这一原则在运动员成绩、医学教育、行医水平等领域都适用。如今，普通医生与顶尖医生之间的差距，和150年前乡村医生与顶尖医生间的差距差不多。医学界领军人物与普通执业医师的共同进步，合力推动了医疗水平的提升。识字教育由精英向大众的普及也说明了这一道理。斐德罗（Phaedrus）被苏格拉底誉为"神童"，今天最聪明的学生肯定不会比他聪明，但他不一定会写字，并且肯定不会做乘法。

社会对教育最重要的一项要求是教育应正确界定完美的人、完美的生活、完美的社会；应对成功、失败、目标、成就有崇高而纯粹的认识。

30年前，威廉·多德（William Dodd）博士是一名杰出的历史学家，也是富兰克林·罗斯福（Franklin Roosevelt）派驻纳粹德国的第一任外交官。那时，纳粹德国的宣传部长戈培尔（Goebbels）竟然拥有博士学位，这让他感到不可置信，并极端反感。让多德博士反感的并不是这个人，而是培养他的这个体系竟然如此缺乏价值观。他突然意识到，自己向来仰望的德国大学已不再是理想的化身，不再忠于崇高价值，而已沦为职业教育基地，这令他惶恐不安。与多德同时代的法国人朱利安·班达（Julien Benda）称此为"对学问人的至高背叛"。

在知识型社会，教育必须注重品德培养，必须激发学生对品德的向往。如果教育没有努力将学生塑造为"好人"，那么它就是可耻的、冷漠的。如果一个人拥有丰富的知识、会学习、会工作、有收入，但却没有道德，即便他没有变成野兽，也会成为社会的隐患。他必须拥有高尚的道德价值观，强烈的责任感，并立志不偏离正轨。他须深知人容易犯错，终有一死，并不完美且常感孤独，明白自由的本质是在真实与虚伪之间进行选择的责任，并将自己的精神价值观建立在这些认识之上。

在通往知识型社会的道路上，我们已经取得了一些进展，但直到现在，我们还没有对这些进展做出评价。知识型社会已成为既定事实。一个国家若想在经济、军事上保有竞争力，以争取国际领导权，知识型社会是必要条件。同时，知识型社会也是欠发达国家取得进步的基础。为发展知识型社会，为使公民达到社会发展所需的文化程度，教育必须享有优先权。继续争论是否要发展知识型社会，或抱怨知识型社会中的问题已经没有太多意义，接下来要做的是努力避免教育资源短缺。

但最后人们还是会问：知识型社会就真那么好吗？真值得我们向往吗？

诚然，知识型社会中也会充满困难、疑惑，甚至蕴藏巨大危险。即使一个人没有反智倾向，也会质疑高等教育是否能为人带来幸福；质疑人类取得的各项成就，是否也将招致自我毁灭。在如今这个教育呈爆炸式扩张的时代，知识本身已成为威胁；知识对人类的掌控，已成为一个形而上的、精神世界中的问题。在未来的 20 年间，美国高校入学人数将达到今天的两倍甚至三倍，这本身就是一个棘手的问题。为应对这一问题，我们是否有足够的智慧和勇气？为应对这一问题，我们需要努力工作，抛弃旧有的、曾一度被珍视的习惯和传统。如果我是大学校长，我现在的感受应该与蛮族入侵时的罗马主教差不多：他们是上帝对帝国犯下的罪恶所施加的公正、必要的惩罚；如果他们是基督教徒，或许能接受真正的信仰。但即便如此，他们还是要扫平我所熟悉的城市。主教或许会走出去为入侵者祈祷，不过我不认为他将全心全意。

总之，知识界的新领域已经开辟。我们对教育、教育的价值观、教育的价值都抱有极大的信心。千百年来，学习和知识仅对极少数人开放；如今，这一铁律已被打破。我们在取得卓越成就的同时，也看到了美好的未来、开阔的视野及非凡的胆识。

CHAPTER 6 | 第 6 章

向贫困宣战

发展的前沿

"什么都没变。"一家美国大型制造公司曼谷分部的经理,对来自芝加哥总部前来调研远东市场的年轻人说道。"而且以后也不会变。这里的人缺乏主动性,没有野心,没有远见。在这里推广芝加哥总部的新产品、新方法、新思路是白费力气。"

说这些话时,这两人正在曼谷主干道的一家餐馆里就餐。年轻人闲闲地看着窗外的车水马龙,有轿车、公交车、卡车、摩托车、自行车,这与西方城市中拥堵的交通没什么区别。分部经理是一个上年纪的人,多年来他一直在远东地区为美国公司工作。他还在继续抱怨一成不变的东方,但年轻人并没有认真在听,他还在观察窗外的交通。忽然,他转过头来问这位经理:"现在,你怎样为顾客送货?"

"九成通过卡车,其他的用摩托艇。我们有这里最先进的物流体系。"经理答道。

"那20年前你刚来曼谷的时候,是怎样送货的呢?"年轻人继续问。

"那时候啊,基本靠人力用竹竿挑。"

"如果没猜错的话,这在当时,也是最先进的运送方式了吧。"年轻人喃喃道。

类似的故事,可能发生在欠发达国家的每个城市:比属刚果的利奥波德尔、津巴布韦的索尔兹伯里、亚马孙河口的贝伦、安第斯山脉的拉巴斯、北极冰圈边缘的阿拉斯加费尔班克斯、小亚细亚中部的科尼亚、黎巴嫩的贝鲁特、伊朗的马什哈德、印度的孟买、伊拉克的巴格达、缅甸的仰光以及高更(Gauguin)居住过的塔希提群岛。从林肯时期到如今的机器时代,从菩提树下的布道者到无线广播,从木质锄头到钢铁厂50吨重的锻锤,翻天覆地的变化好似发生在一夜之间。

然而,真正的转变并不在物质方面,并不能通过卡车、收音机、机器工具体现。生活方式的转变也不能说明问题,哪怕前印加石器时代的秘鲁印第安人忽然变身为机械化造纸厂中的熟练机械工,蒙古国的游牧人变身为图书馆管理员。

真正的转变在于愿景、信念,以及期望。

在人类历史上,世界第一次实现了联合与统一。在这个战火纷争的时代,这么说可能有些奇怪。尽管冲突危险确实存在,但如今,人类确实拥有同样的愿景、同样的目标、同样的希望,甚至信赖同样的工具。

这里所说的愿景,简单来说就是经济发展,是指人们相信自己的经济状况可以通过系统的、有目的的、有针对性的努力得以改善。这适用于个人及整个社会。人们相信可以利用科技、理念、社会工具养活自己，并凭借自己的努力，将生活质量维持在一定的水平。这一水平在西方看来或许仍属贫困，但在大多数人看来已经是难以想象的奢侈。

如今，这一愿景已成为最重要、最核心的议题。它与个人财富无关，其着眼点在于社会生产力。它试图将人类从对物质的渴望中解放出来，不再受物质分配的束缚。这一目标并非遥不可及。它只是满足人类的基本物质需求，使人类免受饥饿，不再受暴雨、冰雹、干旱的威胁；使孩子们不必幼年就开始工作，贴补家用勉强度日，而是有机会去学习、去发展；使人类不必再为下顿饭发愁，而是将物质放在合适、次要的位置，并在此基础上追求更高级的目标。

诚然，这一愿景与物质有关，但其最终目的却不是物质上的满足，而是物质上的独立。这对个人与社会来说都是如此。美国之所以受世人称道，并不是这个国家的富人如何生活——历史上规模更大、更为奢华的富足也出现过，而是在这个国家，穷人如何体面的生活。

因此，将"向贫困宣战"作为这一伟大的、世界性的愿景及进步运动的口号再合适不过了。

革新的媒介

"我总能认出曾开过卡车或拖拉机的印第安人，"美国南部一位上年纪的、经验丰富的大型糖厂经理曾这样对我说，"他们不卑躬屈膝，并敢向我顶嘴。"这位经理是西班牙裔，以自己的卡斯蒂利亚方言及纯正血统为荣。他对他手下的印第安农工非常友好，但却看不起他们，认为他们是劣等人群。他对他们的照顾和关心，就像农夫对马匹的关爱差不多，至多当他们是不负责任的孩子。"不过现在,"他说,"我们必须认识到,再过20年,他们中将有人取代我的位置,从事我现在的工作。内燃机完成了西班牙国王与天主教会无法做到的事情,它将印第安人打造为真正的人。"

同样地,汽车给了这个国家的黑人争取种族平等的动力。"直到大萧条时期黑人拥有汽车前,我们都没遇到什么麻烦。"一位来自南方的报纸编辑说。他本人是守旧派,十分支持种族隔离。"这里的白人声讨罗斯福新政、华盛顿政府、北方的煽动者以及教育,但他们都错了。当黑人第一次发现自己开破车,白人也必须让路时,种族隔离制度就已经结束了。在此之前,无论民权领导者如何煽动,他们仍认为自己低人一等,但是当他发现白人等他通过后才敢过马路时,他才真正意识到自己并不卑微。

一位石油地质学家补充道:"吉普车的出现意味着贝都因部落的终结。吉普车可以到达骆驼到不了的地方。自此,这个游牧民族不能再目无法纪。20世纪30年代,当我们第一次去阿拉伯的贝都因部落时,我们随身带着来复枪;而现在,我们开车去哪里,都可以借领头骆驼驮的收音机听新闻。"

可以说,是变革的媒介催生了经济发展的愿景。这些媒介包括新的沟通工具、交通工具、传播工具。如收音机可以将全世界的观点、激情、梦想通过广播传递到最偏僻的村庄,贝都因驼背上的收音机就很好地诠释了这场变革。沿着变革开辟出的道路,外部世界的物品及思想第一次到达了偏僻的村庄,而这里的人们也走了出去,来到城市,享受城市的陪伴、灯光、工作、学校。此外,还有卡车、吉普车、老爷车改装的公交车以及飞机,这些交通工具使得距离不再是距离,消除了人们对未知的恐惧，创造出了流动、知识、渴望。

这些工具还在改变着"经济必需品"的含义。经济学家认为，经济发展从食品、衣物、住宅等生活必需品开始。随着社会经济由农村自然经济到城市货币经济转变，人们对廉价纺织品的需求持续增长，而奢侈品还要过很久才出现。西方国家在工业革命时期的发展轨迹也印证了这一点：当工业革命刚刚开始时，纺织业是最先发展起来的行业。在很大程度上，美国的第四点计划（即技术援助落后地区计划）就基于经济学家的这一理论提出。

然而，如今的发展中国家却不再沿着这一路径发展。在这些国家迅速发展的城市中，人们的穿戴非常讲究。即便是住在老鼠乱窜的贫民窟中的女售货员，她穿的衣服在米兰、密尔沃基也能看到同款。早些年从英国兰开夏出口到印度、南非的衣服，即便将价格压低，也卖不过去了。据我所知，在过去 10 年间，在人口翻倍、经济蓬勃发展的背景下，发展中国家一半以上的大城市的纺织品销售额实际是在下降。食品甚至住宅等其他生活必需品的情况也是如此。

在发展中国家，人们对收音机、家用电器、汽油、电力等物品和服务的需求以超出比例的速度增长，对学龄儿童教育的需求增长最快。移居到城市的农民的梦想是拥有一辆汽车，这车多破也没关系；实在不行，摩托车也可以，再差一点自行车也能接受。

在当今经济发展的大背景下，这些已成为真正的生活必需品。它们的象征意义是存在千百年的隔离壁垒已被打破，是新的、更为广阔的视野，是对曾经难以征服的物质力量加以掌控，是孩子们有了发展的机遇。

新型生活必需品的出现表明经济学本身已发展出新的含义。一直以来，经济学家强调衡量经济进步的真正标准并不在物质方面，如生活水平的提高，而是人们有了更多的自由去选择与行动。直到最近，西方老牌发达国家才开始向大众提供这一人文层面的自由；起初，它只是提供旧有概念中的生活必需品，满足大众的物质需求。而在发展中国家，从一开始发展的重点就在于创造选择的自由。当然，这一自由须通过物质发展实现。不过，要打破自古以来便存在的与世隔绝，给予人们出行的自由、求职的自由、选择与发展的自由，并激起人们对自由的渴望，新型生活必需品是必要条件。

希望与危险

衡量工业社会能量的标准在于其能否激发想象力。即便在安第斯山脉的偏僻村庄，经济发展的希望也使得人们拥有了救世主般的愿景。他们可能无法实现这一愿景，不过单是相信这一愿景能实现，就能释放巨大能量。

然而，经济发展也带来了新问题：国际经济发展失衡；它衍生出了新的风险：在欠发达穷国与发达富国之间，极可能爆发地区间或种族间的战争。

在北美大陆，美国与加拿大的人口之和仅占世界总人口的10%。但是，这两个国家的收入却占到了世界总收入的75%。与之形成鲜明对比的是占世界总人口75%、年收入在125美元之下的人群的收入之和，占全世界总收入的比重不足10%。

西方国家生产用的工业原材料，一半以上由20个最大的欠发达国家提供，而这些欠发达国家自己的耗用量仅为其产能的5%。除巴西外，这

20 个国家的人口均以有色人种为主。

此外，这一不平衡还在加剧。1938 年，15 个生活水平最高的国家（除日本外均为白人国家）的人均年收入，是前 20 个欠发达国家人均年收入的 7 倍。而在 1955 年，在主要发达国家经历大规模战争创伤，大多数欠发达国家迎来前所未有的原材料繁荣之后，这一差距非但没有缩小，反而扩大到 8 倍。与国家间收入失衡形成鲜明对比的是在发达国家内部，收入分配已实现高度均衡。尤其是美国，它证明了工业社会并非意味着少数极端富有者与大批极端贫困者之间的对立。存在于国家内部的收入失衡与经济对立已迅速演变为国家间、种族间的失衡与对立。

今天，经济发展的希望与国际阶级战争的威胁已展开较量。经济发展是这个时代的机遇，阶级战争则是威胁。这就是如今这个工业化时代所面临的两大核心现实。是抓住机遇还是屈从于威胁，不仅将从经济层面决定这个世界的未来，很大程度上也将从精神、学术、政治、社会层面决定世界的未来。

经济发展是否可行

新形势提出了新问题：经济发展可行吗？或者只是一场幻象？

确实有太多理由让我们这样问。我们找不到任何科学证据表明世界将迎来经济发展。在过去的 50 年，世界大部分地区没有实现增长，印度等国家甚至出现了经济衰退。在有色人种聚居的最为贫穷的农村地区，人口增长速度远超经济增长速度，经济随时面临崩溃。

各种经济迷信及谬见严重影响了经济发展；而在世界的大部分地区，这些迷信及谬见却被当作真理。这其中，最危险的是将发展机会平等与收入、奖励平等相混淆。前者是经济发展的动力，而后者在经济发展的初级阶段是致命的毒药。

尽管这并不容易，也不是自然而然就会发生，但经济发展确实可行。

在过去的25年，拉丁美洲国家，尤其是墨西哥、巴西、哥伦比亚取得的经济成就，为经济发展的可行性提供了有力证据。更有说服力的例子是土耳其与波多黎各，这两个国家的自然条件均十分不利，但其经济发展仍取得了实质性进展。

不过，最好的例子还是日本。一个世纪前，日本尚处于封建无政府状态，是最贫穷、落后的国家之一，且人口众多。只用了40年，日本就成功转型为现代经济体，并拥有巨大发展潜力。在这期间，日本凭直觉完成了经济快速发展所需的所有事情。在很多方面，明治维新时期的日本是经济发展的最好模板。

直到今天，我们才发展出完备的理论来解释日本一个世纪前的变革。"二战"结束后，经济发展不仅已成为国内及国际政策的主要目标，这方面的研究也已在经济学领域占据核心地位。

我们对经济发展及其带来的新能力的理解，主要基于新的世界观。我们能正确认识经济发展，是因为我们将其视为一个以目标为导向的过程，是一个模式而非机械化的程式。我们能对经济发展加以规划，是因为我们时刻持有革新的意识。经济发展并不是对发达国家的经验进行渐进式的模仿，并不是非要从重商主义发展到外包体制，再发展到蒸汽机；也不是一定要由手工制造生活必需品发展到机器制造生活必需品。它可以纵身一跃，直接从较为原始的状态发展为发达国家，而新型组织就是促成这一飞跃的引擎。将拥有知识与技能的人组织起来，这将为经济发展提供基本资源；而专家、经理人的缺乏，则是经济发展所面临的最大阻碍。当然，这并不是唯一的阻碍，多亏我们有革新的逻辑，可以帮助我们预测各种困难。

"起飞危机"

第一个可以预见的困难，源于经济发展本身。任何国家在发展的第一阶段都会遭遇这一危机。

渐进式的进步不会带来经济发展，必须有飞跃才行。经济学家称此为"起飞危机"。他们认为，要促成经济发展，就必须实现"自给自足的连锁反应"，这相当于物理学中的"临界状态点"。

他们所论述的，用科学术语讲，就是经济学中的"门槛现象"，指的是为发展做出的努力必须越过一个临界水平，否则先前的努力就白费了，不会有任何发展成果。只有越过临界点，之前的努力才会有效。如果能在临界点之上保持若干年时间，经济发展就能实现自我支撑、自给自足。

我们可以借助较为精确的量化标准对上述门槛加以界定：除了用于维持新增人口生活水平的投资外，至少还要有1/10的国民收入被用作生产性投资。可供选择的资金投向非常多，至于应优先修建学校、公路，还是房屋、糖果工厂、油田，投资资源应如何在各部门间分配，讨论的空间非常大。但无论采取怎样的投资政策，这一门槛都大致相同。所有的欠发达国家都面临着同样的问题：在国家非常贫穷的情况下，如此多的投资怎样获得？

克服起飞危机的办法只有一个，那就是借助外部资本投资。

尽管美国拥有丰富的土地与矿产资源，但美国的经济发展却是建立在 19 世纪的欧洲大额投资之上，尤其是铁路投资。更重要的是，来到美国的移民以成年人为主，为培养他们的财富生产能力，他们的祖国已投入了大量资本，尽管这一数额难以衡量。即便在 19 世纪，在最贫穷的西西里岛，养育一个 16 岁的男孩，供他吃穿，也要花费 500 美元。因此，在"一战"前的 40 年，扣除供养新移民中老弱病残者的费用，每年 100 万新移民为美国经济发展所做的资本贡献约为 2.5 亿美元。

同样地，日本的腾飞也是依靠外来资本。不过，最依赖外来资本的国家还是俄国。俄国拥有世界最好的铁路网，它没有多加扩建，就经受住了"二战"的考验，且无须太多维护。这个铁路网完全依靠外国资本修建。在 1913 年前的 20 年，沙皇俄国从西欧获得的资本与美国通过马歇尔计划向欧洲输送的资本差不多。即便在十月革命后，苏联的资本输入仍在继续。20 世纪 20 年代的"招商引资"，为苏联的第一个五年计划提供了资本基础。

因此，问题的关键不在于一个国家是否需要外来资本来实现经济发展。离开外来资本，经济发展不可能顺利渡过起飞阶段。问题的关键在于需要多少外来资本、需占用外来资本多长时间、如何获得外来资本以及获得后如何利用。

顺利渡过起飞危机后，经济发展之路并非一片坦途，即将面临的问题也并不限于工业化领域。几年前，大多数人将经济发展与工业化看作同义词；直到今天，欠发达国家的民众仍将修建工厂与培训工人当作唯一要务。这些观念都是错误的。经济发展需要四个部门实现均衡、同步发展，这四个部门一是农业；二是"社会支出"，即道路、交通、通信、水电、学校、医院等公共与社区服务；三是工业；四是分销、信用等效率体系。关于工业化的讨论已非常多，这里也不再赘述；而其他三个领域，则需要我们更多关注。

农业问题

经济发展所面临的最大挑战在农业。

在过去30年，农业科技以惊人的速度发展。它为我们带来了新方法、新技术、新良种、新庄稼，由此产生的生产力超出上一辈农民的想象。此外，由于农业在世界大部分地区非常落后，因此，只需适量资本投资，就能取得飞速发展。全世界超过一半的粮食无法顺利到达消费者，或在运输途中受损，或被雨水侵蚀，或被昆虫及啮齿动物啃食，或在加工过程中被浪费。在很多地区，单是优化流通渠道及建立简单的营销体系，就能将农产品的实际产量提高一倍。

然而，技术进步只会使农业问题变得更加严重，因为农业问题本质上是社会问题。农业技术进步意味着不再需要那么多的农村劳动力。农业人口过多是造成农业生产力低下的主要原因。它使得人们种植产量较低的农作物品种，因为这将吸纳更多的农村劳动力。

在保加利亚的肥沃土地上，种植着质量非常差的烟草，质量差到几乎卖不出去。这片土地本可用来种植急需的蔬菜和油料作物，但为吸纳过剩的劳动力，保加利亚农民选择种植劳动密集型廉价作物烟草，而不是价值较高的高品质油料作物。

农业人口过剩还阻碍了现代农业工具的推广。由于人口众多，土地只得以极不经济的方式被分割成若干小块，供个人分散持有。这使得先进的耕种方式无法实现。如果欠发达地区的农业人口能在一夜间减半，在一两年内，无须额外的刺激、改变或资本投资，农田产量就能翻番。

因此，农业人口过剩阻碍了粮食产量及其他原材料产量的增长，而这一增长却是工业扩张的必要条件。如果增长难以实现，日益增多的城市人口如何吃饭？蓬勃发展的工业企业对新增原材料的需求如何满足？

农业人口过剩有碍经济增长，还因为它占用了经济增长所需的劳动力，虽然他们费力劳作，但仍处于低生产力状态。可以说，供养一户城市家庭所需的农民数量是一个国家经济水平及经济增长能力的标志。

> 法国仍需一半左右的人口在田间劳作，这是法国经济陷入困顿的主要原因，而非政治不作为或国际争端拖累。同时，这也是法国难以实现经济增长的主要原因。与之相对，若是美国的农业人口没有成功减半，美国也就不会在上一辈就实现经济发展。农业人口减半为蓬勃发展的工业提供了劳动力，农产品总量翻番则使得人均粮食及工业原材料供给有了稳定增长。

那么，应如何在避免大规模动乱的前提下，实现过剩农业人口的转移？单是将人们驱离土地是不够的，即便为他们找好工作也不行。我们必须确保留下来的人有足够的动力去生产更多的粮食。此外，转移剩余劳动力绝不能通过施加僵化的农业组织模式实现，这也将制约经济发展。

至少有两个国家做得很好。一个是 70 年前的日本，另一个是今天的墨西哥。在前些年，墨西哥的集体农场体系曾是革命中不可置疑的存在，如今已低调宣告破产。这一体系破产后，大批农民离开农村前往城市，为墨西哥蓬勃发展的工业提供了充足的劳动力。而在需求增长的刺激下，农业生产率及粮食总产量都实现了大幅提高。

不过，如何在不影响留守农民积极性、不制造无业游民毒害社会的前提下，顺利转移农业过剩人口，仍是经济发展所面临的核心问题。

分销与信用

经济发展需要分销与信用体系的快速发展。出于工业优先的考虑以及一直以来对"中间人"这一角色的偏见，我们并没有给分销与信用体系以足够的重视。

> 在拉丁美洲，几家西尔斯百货商场对墨西哥、古巴、哥伦比亚、委内瑞拉、巴西、秘鲁这些国家的经济带来的影响不逊于投资额大得多的钢铁企业。西尔斯百货商场促成了当地几百家生产各式货物的小型工厂出现，并为其引入先进的质量标准、成本管控模式、生产方式。这些百货商场还激发了新的顾客需求。
>
> 在东南亚，分期信用规模与经济增长速度之间存在高度相关性。与众人预想的不同，这些地区的分期付款偿还率并不低于美国，违约率也并不比美国高。

在每一个国家，除更好的营销方式外，简单的农业信用是提升农业生产率的最佳方式。在很多欠发达国家，只需提升营销体系的效率，工业生产率就能轻易翻番。

有效的营销体系不仅能使生产者以最低成本、损失将自己的产品送达消费者，还能为生产者提供信用、标准、质量需求、产品特性信息，确保生产者以市场为导向进行生产。它还能使消费者更好地辨识商品，把钱花在刀刃上。在任何一个发展中国家，经济增长离不开一个复杂的分销体系。这个体系包括：

- 实物分销体系。
- 确保物品分销顺利实现的金融体系。
- 将消费者的需求、购买力及生产者的生产力、生产资源整合到一起的营销体系。

在规模较小、较为贫穷的市场中，建立高效分销组织是培植小型工业的唯一途径。由于市场太小，单凭自身的力量，任何一种产品都很难实现有效分销，而有效分销又是高效生产的必要条件。没有分销组织，很多本是存在需求的产品无法得到供应。此外，建立分销组织还是发展中产阶级的最快途径。

与发展农业不同，发展分销与信用体系并不会带来社会问题。因此，欠发达国家在其发展规划中，应给予这一议题更大的支持。

"社会支出"成本

经济快速发展离不开"社会支出"领域的大额投资。这些领域包括道路、自来水供应、电力供应、港口、住房、学校等，有些人又称之为基础设施建设。这些全都是长期投资，从投建到能够产出物品、服务等经济回报需要 10～15 年。与此同时，基础设施建设需要大批劳动力，这些劳动力主要是刚离开土地的农民，在离开土地前几乎完全游离在货币经济之外。这也是欠发达国家的政府强调基础设施建设的原因之一，因为这将提供大量就业岗位。在这一过程中，政府将钱发到极端贫困的人手中，拿到钱后，他们将购买之前买不起的商品，但这些商品还没生产出来，于是经济发展便造成了购买力的持续过剩，最明显的后果就是通货膨胀。

上述问题并不是完备的财政政策便可克服。在完备的财政政策下，那些基础设施建设投资完全没有必要，或被严格限制在极低的水平。然而，如不进行基础设施建设，经济发展就无法实现，但我们也不能对通货膨胀置之不理，不能有"何必要担心通货膨胀？反正通胀的货币建成的房子不会随泡沫破掉"的想法。通货膨胀会引发资本错配，将资本投资引向生产率较低的领域；会降低一个国家对外来资本的吸引力，即便苏联的卫星贷款也以美元及黄金计量；会催生危险而持久的社会苦难。在严重通货膨胀下，经济发展不可能实现。因此，每一个发展中国家都面临着同样的两难困境：若是在基础设施建设领域投入不足，则将耽误经济发展；若是投入过多，则将引发同样具有杀伤力的通货膨胀。

态度问题

经济发展离不开公众支持。一方面，经济发展是国之要务，需要迫切的心情、改变的渴望及做成大事的意愿；另一方面，经济发展的成果不会一夜间出现——事实上，投资越重要，投资周期越长。因此，我们需要耐心，需要公共精神。

为调动民众对经济发展的支持，政府需要用象征物，即"宏大工程"来抓住民众的想象力。美国的田纳西河谷治理（TVA）就是一个很好的例子。这项宏大工程从开工到对美国中南部的经济生活产生实质性影响，至少要十年时间，但从开工之日起，它就象征着新生活的开始。它调动了各方能量，为绝望与贪婪丛生的荒原带来了憧憬与希望。

然而，TVA也暴露了宏大工程存在的问题。此类工程带来的象征与情感意义上的收益值得我们在多大程度上容忍它的低经济性？

> 埃及的阿斯旺大坝算得上宏大工程吗？大坝的来水量取决于尼罗河上游国家的欠发达程度。一旦这些国家开始发展，阿斯旺大坝的来水量将大幅下降。此外，在伊拉克建设宏大工程不合理吗？在伊拉克，一项构思缜密的、能在十年间帮助1/3的人口脱贫的发展规划，却因象征性工程的缺乏而面临被否定的危险。

态度问题之所以是经济发展的核心问题，是因为经济发展所需的态度通常与大多数民众迷信的、感情上容易接受的观点相背。这一现象在发展中国家尤甚。

> 与美国政府相比，印度政府对本国经济抓的是紧还是松并不重要，重要的是尽管印度政府已充分认识到在大的经济部门

发展私有经济的重要性，它却不愿或不能接受这一事实。印度政府不认可私有经济，至多把它看作共舞的狼，一旦没有存在的必要性了，便把它镇压下去。在这样的态度下，私有经济很难实现有效发展；而没有私有经济的帮衬，整体经济发展也很难实现。

不过，经济发展同样需要大规模政府行为，尤其在起飞危机阶段。无论一个人多么崇尚自由竞争的企业体系，他也要承认积极政府作为的必要性；也要知道在相当大的限度内，政府行为是有益的，而不是不可避免的灾难。

另一个态度问题是，在欠发达国家，存在将发展经济与创造就业混为一谈的危险倾向。这些国家急需就业岗位，但通过非经济性的投资来创造就业机会却只会损耗一个国家的资源。印度就是一个很好的例子。高失业率固然危险，但滞涨更加危险，滞涨会将失业率推得更高。

在经济发展的初级阶段，如果国内工业无法与发达国家的工业进行竞争，则应对国内工业加以保护。然而，若是民族保护主义鼓励低效经济持续发展，则对经济发展十分危险。发展中国家应考虑清楚，哪些行业最终能实现腾飞，是值得帮扶的；哪些行业不适合在小型贫穷的经济体发展，最好不要强求。

例如，在小型欠发达国家，发展原子能产业可谓是绝对的浪费。然而在多个国家，原子能产业却被寄予厚望，被认定是主要的发展要素。这一领域的探索只能通过地区间或国家间的合作来实现。

智利拥有优质的煤炭与铁矿石资源，邻近廉价的运输体系，因此，在发展初期，智利的钢铁厂值得政府对其多加保护。而在智利的邻国阿根廷，庇隆总统修建的钢铁厂没有煤，没有铁矿石，也没有能将产品运往偏远市场的交通体系，可以说是绝对的败笔。最佳方案是在两国之间修建共同的钢铁市场，同时向两个国家输送来自智利的廉价钢铁。此外，还可以将阿根廷的粮食过剩与困扰智利已久的食品短缺结合起来，实现优势互补。

还有一个重要问题，就是人们该怎样看待利润。在世界大部分地区（包括美国大部分地区），利润是一个肮脏的词语。人们通常认为，没有利润，经济也可以正常运行。这当然不可能。利润是驱使经济行为发生的必要条件，尤其是高级经济行为。高级经济行为的实质是在现在投入稀缺资源以期在未来获取收益，但未来收益几何存在极高的不确定性，因此，投资方必须承担由此衍生出的高风险，并要求一定的利润对风险加以补偿，否则风险只会招致损失，这对经济资本及经济体的财富制造能力具有毁灭性影响。此外，利润也是未来扩张所需的额外资本的主要来源，是经济发展的真实支出。经济发展对利润的需求不可能被消除，当经济发展基于集中规划时，对利润的需求最为强烈。不过，在这一理念被广泛接受前，人们的态度需要发生切实转变。否则不论在何处，对利润的敌视将危及经济发展。

终极资源

经济发展的终极资源是人。是人带来了经济发展，而非资本或原材料。欠发达国家最需要的是能胜任新型组织工作的人才，能将有技术、受过训练的人组织起来，做出负责任的判断和决策。

贫困——这一世界上最大的冲突只能由此找到出路。它并非军事力量能解决，这点我们一直都清楚；也非经济力量的问题，尽管经济援助能带来切实改善。无论包括苏联在内的发达国家如何作为，都不会触及问题实质；解决这一冲突的决定性因素在于欠发达国家的领导人，这是一小群有才干、受过教育、甘于奉献的人，欠发达国家的经济发展就倚仗于他们。可以说，如今世界上最大的冲突如何解决，归根到底取决于这些人的价值观、信仰、才能及愿景。

建设工业化社会

如今，经济发展的核心前提不是成熟，而是不成熟；核心问题不是停滞，而是增长；驱动经济发展的关键因素不在于发达国家，而在于欠发达国家。

经济发展委员会是由多位美国商界领袖设立的研究经济问题并构思经济决策的组织。1957年秋，这一组织向全世界50位杰出人才发出邀请，请他们以"在未来20年，美国将面临的最重要的经济问题"为主题写一篇论文。这50位杰出人才中有经济学家、哲学家、政府领导人，尽管他们的国籍、背景、专业兴趣各有不同，但他们中有1/3的人一致认为：在未来20年，美国将面临的最重要的经济问题在于欠发达国家的经济发展。

更重要的是，持此观点的人均认为：欠发达国家的经济发展将带来机遇，而非负担。

"向贫困宣战"同时为发达国家及发展中国家带来成长机会。对于发达国家，这意味着不再面临停滞的威胁。在过去的200年，发达国家已克服起飞危机，成功启动经济增长的连锁反应。而欠发达国家的经济发展，首先意味着为发达国家创造了新的发展领域。它为发达国家驱散了经济衰退的威胁，带来至少一个世纪的高效产出与持续增长。

欠发达国家的经济增长不仅为发达国家带来机遇，更是发达国家进一步发展的必需。虽然欠发达国家仍处于欠发达状态，但发达国家已面临停滞的切实威胁。只有当一个国家介于发达与发展中之间时，才能兼具投资与贸易机遇。

> 印度次大陆有5亿人口，发达小国瑞士的人口只有500万，两个地区从美国的进口额几乎相同，但美国却是印度最大的供货商。在过去10年间，尽管享有美国政府的大力支持，全美对印度工业的投资只有对瑞士工商业投资的1/3。

此外，发达国家所需的工业原材料越来越多，欠发达国家的发展是提供这些原材料的唯一途径。此外，发达国家的产成品也只能通过欠发达国家更大的市场消化，发达国家可借此回笼资金来支付日益增长的原材料支出。

因此，欠发达国家持续、快速的增长对发达国家与欠发达国家同样重要。美国、英国、德国在制定国家政策时，应与印度、巴西、津巴布韦一样对欠发达国家的发展给予足够关注。支持欠发达国家发展，并非"援助"，而是对发达国家的未来进行"投资"；并非慈善，而是自我利益使然。

那么问题来了，欠发达国家需要西方发达工业国家提供怎样的支持？

资金的角色

经济发展确实需要资金支持：需要在起飞阶段支付资本投资，需要顾及学校、道路、交通等"社会基建开支"，需要应对通货膨胀、贸易赤字等不可避免的发展危机，最重要的是需要在农业、商业、工业领域进行生产性投资。

然而，经济发展的领先地位并不由可用资金的数额决定，经济发展的核心问题也不是筹集资金。

首先，能被欠发达国家充分利用的资金数额非常小。将国民收入的10%投入经济发展已是相当大的份额，但欠发达国家的国民收入总额很小，因此对发达国家来说，它的10%只是一个很小的数额。专家认为，欠发达国家每年能有效利用60亿～80亿美元的外来资本，这仅占所有西方国家年收入的1%，不及美国年收入的2%。

> 相较之下，英国的国民收入要小得多，但在1880～1913年，英国的海外投资占到了国民收入的4.5%；1909～1913年，英国资本输出占国民收入的比重升至8.5%。不过，这恰逢英

国经济最繁荣、增长最快的时期,尤其是英国工人进步最快的时期。

此外,我们对欠发达国家的投入已达他们能充分利用的最大值。单是美国每年输往欠发达地区的资本就达60亿美元,其中2/3是私人投资。

对于欠发达国家来说,亟须解决的问题是如何正确、高效地将筹得的资金利用起来。

首先,这需要发达国家肩负起责任,在支持与引领欠发达地区的发展上持有清晰、明确、一贯的政策。

其次,在支援欠发达地区经济增长时,要有明确的优先项。决定一笔资金是贷款、投资还是赠予,其标准必须是:这笔资金是否有助于培植一个国家自我发展的能力?

> 美国对埃及阿斯旺大坝的援助政策将成为历史上的经典败笔。美国所犯的错误不是突然抽回贷款,而是通过贷款贿赂埃及,以达到让埃及断绝与苏联经济往来且不将苏伊士运河收为国有的目的。尽管阿斯旺大坝可被归为生产性投资,但这只是苍白的说辞。在专家们看来,该项目并不能为埃及经济发展做出实质性贡献,美国的援助是愚蠢的行为。

有效利用经济发展资金的关键在于政府支出。

对稀缺资本资源最严重的浪费是无正当理由随意扩建军队。例如，阿根廷、哥伦比亚试图建立西半球规模最大的二流军队及海军；或是智利不优先解决极度落后的农业及食物供应问题，而去购买轻型巡航舰。即使印度没有军队，印度也需要海外援助。不过，造成印度"五年计划"出现危机的主要原因，还在于印度军队的盲目扩张。用发展经济的资本建立庞大臃肿、没有生产力的低薪公务员系统也是同样常见的浪费。

于是，这提出了国家主权这一敏感问题。对这一问题我们最好坦然面对：对外来资本的依赖确实会限制行动自由。如商人为购买季节性存货从银行贷款，就必须接受银行的限制性条款，至少他赚钱后须优先偿还贷款，而不是扩大经营规模。再如，若是一家家族企业通过上市筹集资金，那么它的经营管理也要受到相应限制，至少每年要披露企业管理层的公开审计情况。

同样地，一个国家在接受海外资本时，也要接受附加条款。无论一笔资金是赠予、贷款还是直接投资，无论捐赠方与接收方是国家还是个人，无论资金来自美国还是苏联，这笔资金必定附有额外条款。单凭感激无法维系国家间的关系；美国国会不会为了几句感谢而施以海外援助，那是在浪费纳税人的钱财。不过，责任是维系援助国与被援助国之间关系的核心要素。

但无论如何，援助的对象是独立的国家。实力较弱的一方对国家主权精心守护可以理解，也值得尊重。

因此，我们需要有根有据的国际公共观点对被援助国的行为加以必要的限制，并施以必要的保护。制定限制条件应持中立、客观的态度，制定原则是帮助欠发达世界获得最好的自我发展。

欠发达国家的政府通常不是真正的问题所在。智利的每一位公众人物都知道智利需要更少的海军、更多的农田，更少的公务员、更多的工作，但谁敢公开表达这一观点？几乎每个欠发达国家的政府，都需要来自外部的声音指出逆耳的事实。不过，如果由"富人叔叔"指出，即便所说的是事实也不会被接受。让大肆建造超级航母的美国劝说智利缩减海军规模，就好比玛丽·安托瓦内特（Marie Antoinette）说出"让他们吃蛋糕"。让潜在海外投资者指出既不合适也不会被采纳，他们能做的只有选择不投资。大量实例表明，由既无野心也不谋求盈利的外部专家指出是最有效的提醒方式。

因此，发展一系列普遍接受的经济发展理论非常重要。美国银行家、德国工业家、西方政府官员往往被认为是"资本主义者"或"帝国主义者"，但人们不会这样看待西印度群岛的 W. A. 路易斯（W. A. Lewis），他是一位出色的发展经济学家，目前在加纳政府担任顾问；也不会怀疑印度社会学家玛萨尼（Masani）、阿根廷人普雷维什（Prebisch），不会怀疑波多黎各人、土耳其人、伊拉克人。而这些人所持的核心观点，与主流观点基本一致。

将新知识、新经验、新共识调动起来，是确保西方国家在经济发展中处有效领导地位的重要条件。同样地，西方政府也可通过接受实际、权威、客观的建议，更好地处理内部事务，改善与立法机构及选民之间的关系。最重要的是，这些建议（而不是外部决定）可以带来当下最需要的状态：将发达国家与欠发达国家通过互利共赢、共同的愿景与共同的目标联合在一起。

我们面临的问题

如何界定工会的权力、地位及功能是我们面临的一个政治问题。如今，所有发达国家均认可工会在工业社会是必要的、合法的。但是，它的权力及功能该如何界定？在任何一个发达国家，工会已不再是因其言论而被迫害的弱者；相反，法律、习俗赋予其特权、权力及法律豁免权，其中有些仅适用于寻求特别保护的弱势群体。工会能通过各种方式向民众施加压力，如关闭商场、限制学徒行为，甚至管束工会成员的私人生活及政治立场。因此，出于公共利益的考虑，作为个人自由的守护者，法庭应对工会行为加以约束和管制。此外，无论罢工带来的益处有多大，私人组织可在多大范围内享有罢工的权利？在针对雇主的罢工与越来越多的向公众施压的罢工之间难道不应存在明确的界限？

在所有发达国家，工会已为其成员争取到了优先分得企业收益的权利。如果确被允许，这要求工会为其成员的经济表现负责，并为社区经济福利做出应有贡献。与剥削做斗争的"落魄者"不必承担这样的责任，但能左右经济政策的工会领袖则不能逃避。

所有发达国家的工会均已意识到，工会成员的工作机会、福利待遇与企业境况及企业管理水平息息相关。25年前，只有美国的工会领袖能认识到工会离不开私有企业就像鱼离不开水；如今，尽管所有发达工业国家的工会领袖都明白这一道理，但又有多少人敢于承认？有多少人能忘却阶级斗争、阶级仇恨、阶级谈判这些早已过时的说辞，谈责任而不谈特权、讲奉献而不提要求，着眼于未来的影响而不是曾经的伤痛？

对于工业化社会，这是一个关键问题。所有欠发达国家都在发展工会，这非常必要。但是，欠发达穷国的工会却希望得到发达富国工会的待遇。如果欠发达国家的工会致力于"反抗"而非"支持"，将自身定位于发展的阻碍而非发展的力量，那么，他们只是沿着发达国家工会的脚步亦步亦趋。他们需要的是有效的、负责任的、有建设性的新型工会制度。

在这里，发达国家的工会领袖应充分发挥主动性，透彻思考工会制度中存在的问题，对有权势、被认可的工会在经济社会中的地位加以准确界定。他们有这样的能力，这一点通过多位美国工会领袖对马歇尔计划所做的贡献就可看出。但这样做是否有足够的智慧、灵感、勇气？或者通过立法对工会行为加以限制才是最佳方案，如同西方社会通过社会行动对待滥用特权、愧称公仆的团体那样？

工业社会存在的另一个问题是管理机构、分销机构及服务业的低生产率。与工会制度不同，这是一个新问题。

我们知道如何提升农业及制造业的生产率。这意味着更有效率的工作，需要更好的工具，尤其是更好的机器及更好的管理。但是我们却不清楚如何提升或衡量其他行业的生产率，尤其是分销领域。我们对机关工作有一定了解，但还远远不够。

"二战"结束以来，美国制造业的生产率以每年3%的速度增长，在20年间，总共增长了80%，农业生产率增长更快。然而，在管理、销售、分销、服务领域，生产率增长则没有那么显著。如果圣诞节购物情况可作为指标，那么零售业的生产率实际是在下降。

与此同时，这些行业雇员的工资却与制造业雇员的工资一起随同制造业生产方式及生产率的增长而增长。50年前,这还只是个小问题。在那时,3/4的美国人是制造业工人或农民。然而今天,工人及农民占美国人口的比重低于50%,更多的人从事管理、分销、服务类工作。全民工资随同制造业生产率的增长而增长,这造成了持续的通胀压力、经济成本的持续增长以及日益严重的资源错配。所有发达国家均经历了这一发展过程。

古典经济学家提出,生产率的提高可转化为更低的商品价格,从而避免工资上涨,但这一方案并不能很好地解决问题。这只能转移资源错配的影响,而无法对错配加以缓解。解决问题的关键在于提升落后领域的生产率,将自动化等新概念及计算机等新工具应用于这些领域,而非制造业。

对于欠发达国家,这一问题更为关键。这些国家管理、分销、服务领域的效率亟待提升。不过,欠发达国家的经济没有足够的储备承受资源错配。由于发达国家没有任何衡量标准,欠发达国家也没有可以借鉴的准绳。因此,他们倾向于构建庞大的、对经济贡献甚少的管理及分销系统,并为系统内的人员支付极低的工资。整个经济在步入衰退的同时,还要面对难以承受的通胀压力。

经济发展的共同愿景,意味着全世界联合起来,共同致力于商业文明的发展。这一目标不会因法律体系与意识形态的不同而产生分歧,无论它们之间的道德与政治裂痕有多深。在商业文明中,企业是基本生产单位,在苏联、美国、英国及拉丁美洲新兴国家均是如此。

这样一来,当今世界的主流政治及道德价值观,将参照企业的表现及价值观制定。在世界范围内,如何在自由与暴政之间做出关键的政治抉择，如何在实情与谎言之间做出道德抉择，由商业文明的价值观决定。

那么，在如今这个经济发展的时代，企业应秉持怎样的价值观？企业作为经济工具，要以经济性为原则生产商品、提供服务，但更重要的是，企业还要发挥社会职能，致力于打造更好、更公平的社会，培育更丰富、更负责任的个人，提供越来越平等的个人发展机会。企业应以可支配的物质为工具，打造更仁慈、更人性化的社会。

当然，这并不意味着企业要将生产经营摆在次要位置。无论在什么社会，企业的第一要务都是生产商品或提供服务。

然而，对商业企业及商业文明的终极考验却不在于其生产的商品及服务；利润也不是终极目标，而是维持企业生存的必要条件。商业企业及商业文明的终极产品是人。企业生存及运营的准则，是努力在商业利益与个人、社会之间构建和谐。

或许这并不是新理论。这正是已经发生的资本家革命的含义，尤其是在近 20 年间，在美国。

CHAPTER 7 | 第7章

绝境中的现代政府

自由城邦的终结

现代政府,即民族国家,在300年前随着笛卡儿现代人世界观的出现而出现,并随着它的落幕而消亡。如今,新的世界观已经形成,至少已现端倪,但现代政府的继任者尚未出现。我们缺少有效机构进行政治整合并维持政治秩序。

初看之下,这样的说法有些自相矛盾。世界各地新成立的国家纷纷按照民族国家的模式组建,配有完备的主权体系、宪法、高级法院、中央银行及政宣部门。在现代集权主义下,民族国家已成为全能的存在。而最令人惊叹的事实,则是西欧国家在经历了"二战"的创伤后,全部按传统民族国家的模式复原与重建。

然而,现代政府的胜利却是表象,而非现实。正是现代政府在全球达到全盛的时候，构建现代政府的基础理念、前提假定已然坍圮，现代政府管家治国的能力也随之消失。

现代政府的概念

从根本上来说，现代政府机构具有四大特征。这四个特征共同界定了现代政府的概念。

第一，社会中有组织的权力独家垄断在政府手中，即政府是现代社会中唯一的权力中心。这正是"主权"一词的含义，它最初出现在16世纪左右，为政府解决老问题提供了新思路。它还体现了法律理论中"实在法"的思想，即社会力量及法律制裁，只有经主权政府授权（明文或意指）才有效。直到今天，这一理论依然主导着欧洲的法律与政治思维。

自希腊城邦时期起，还没有哪种形式的政府如此热衷于权力集中。但现代政府甫一出现，就开始了权力归集。无论是法国的路易十六，还是英格兰的辉格党议会寡头都是如此。现代政府试图对各个层面的社会组织与社会行为进行集中管控，包括外交、军队、铸币、赋税、邮政、公路、铁路、立法权及司法权等。除英格兰外，其他国家均已掌控教育。此外，现代政府还试图监管宗教生活，确定官方教义，主导官方宗教机构的组织人事安排及祭拜典礼，并在很大范围内已取得成功。

第二，根据其性质及定义，现代政府对自身权力范围有着自我限定。

主权国家的政府是中央集权政府。不过，它却试着将行动范围限制在"国家"任务层面。中央政府在全国各地设立地方政府处理地方事务，地方政府依附中央政府存在并发挥职能。在不同国家，地方政府的构成与拥有的权力有着很大差别。如19世纪的法国，地方政府只是中央政府的代办机构；而在英格兰，地方政府拥有自治权，接受中央政府的监督与限制，但不受中央政府控制。尽管所有中央政府在法律上均属全能型政府，但都将地方事务下放至地方政府处理。例如苏联是由多个共和国组成的联邦制国家，其中每个共和国中又设有自治的市、区政府。

第三，根据其定义，现代政府拥有有限的权力。

现代政府是"法治政府"。

主权国家的中央政府，通过权力垄断，将社会权力汇集到中央政府这一单一机构，权力集中程度西方世界上溯1500年未曾有。但尽管如此，现代政府拥有的总权力比之前的政府体系要小。在组织权力与机构权力外，现代政府留给个人的社会空间要更大。

现代政府通过摧毁、征服、中立一系列区域权力中心而得以建立。这些区域权力中心包括封建庄园、小诸侯王；教区主教、修道院院长、教堂分会、宗教社团；拥有特权的"自由城邦"、商人及手工艺人协会；私人军队、独立大学、世袭法官等。

单独来看，上述每个机构拥有的权力都不大。由于权力过于分散，这些机构无法组织起有效的社会活动，即便是在16世纪土耳其帝国军队插入欧洲腹地的紧要关头，它们也无法行动起来。然而，若是数量众多的小机构聚到一起，则代表了相当大的权力，几乎挤占了个人全部的生存空间。在政治、社会、经济领域，个人的一切行动都须经由这些机构完成，接受它们的控制、监督、批准。此外，这些机构无法突破自身的短视与狭隘，没有胆识赋予个人行动的自由。而在今天，即便在最无情的集权国家，个人"社会化"与"机构化"程度也要比之前低。现代政府正是打破了分散但无处不在的权力中心而建立起来的。

从社会角度来看，现代西方政府代表着权力的高度垄断集中。但从个人角度来看，则代表了组织权力、机构权力的大幅萎缩。正是由于现代政府对权力垄断保持高度警觉，对其加以全力守护，因此，现代政府将自身权力限至最小，以实现有效控制。权力的高度集中带来了社会总权力的大幅萎缩，这也是为何现代政府得到日渐壮大的中产阶级全力拥护，即便在现代政府最善变、专横的时期仍是如此。对中产阶级来说，现代政府是他们的大救星。

第四，主权国家政府是国际社会的构成单位。这是现代政府最伟大的革新，也为"国际事务"这一术语赋予了合理的概念。

从柏拉图到但丁，早期伟大的政治哲学家中，还没有一位把对外政策及国际关系包含进他们的政府及政治理论。他们中的每一个人都知道对外政策的重要性，还有多人十分陶醉于对外政策的研究，但是在没有概念、理论、目的、意义的情况下，他们无法在此领域发展学说。在国内政府的范围外，不存在任何政体。学者在讨论政府的目的及职能、政治的性质时，只能忽视外交事务的存在。马基雅维利（Machiavelli，可能是西方历史上最有成就的外交家）在其伟大著作《君主论》最精华的卷册中论述了外交事务，他总结道：要保证政府正常运转，须通过建立"世界政府"将外交事务消除干净。

然而，现代政府的理论及实践，却以主权国家彼此平等，并由主权国家构成国际社会为前提。在国际社会中，只有主权政府能成为行为主体及行为对象。这是非常大胆的假定。无论是个人还是群体，在国际事务中都没有发言权，也不会受到国际事务的直接影响。

这一观点在刚出现时令人震惊。它使得外交关系的理论和实践成为可能，也为国际法及国际秩序的出现创造了条件。现代政府将战争作为政府及政策的工具，并在和平时期，将战争机构放在相对次要的位置。这在漫长的人类历史中是第一次，或许也是最后一次。

如今，我们过于关注这一理念的失败和缺点。每位国际法专业的学生都知道，这期间充斥着大量的冲突与矛盾。所谓的"国际秩序"，从来没有真正实现过。然而，这并不会使这一尝试失去新鲜感，也不会抹杀其取得的巨大成就。即便在这一理念最受推崇的时期，理想中的状态也远未实现，但它却构建起了通用的理论框架和实践习惯，以此来润滑国际关系；由政府协调战争事务而不是让政府屈从于无休止的战争，并建立起一系列法律规章，作为国家被侵犯时遵循的行为规范。

自由国家的崛起

17世纪中期到19世纪中期，现代政府沿着最初的路线平稳发展了200年。在此期间，现代政府日渐发展为社会中唯一的权力中心，自我限制程度也不断提升。

现代政府实现权力垄断的基础是军事科技和货币经济。在这200年间，二者共同促成了现代政府的自我限制及现代国际关系理念的出现。然而，正是这两个推动现代政府发展的因素，在摧毁着现代政府的根基。

1450年左右，火药被纳入军事科技范畴。自那时起，进攻方相对防守方获得了决定性的优势。而在此之前，单枪匹马的骑士也可在他山顶的城堡击退大部分进攻。只要他存有充足的粮食和水，他的关卡就牢不可破。因此，在中世纪及文艺复兴时期，战争局势通常由城内的叛徒而非城外的军队左右。然而，在围攻的火枪面前，即便是防御森严的城堡和城邦也毫无抵抗能力。军事科技变得十分昂贵,只有国家政府能负担得起。要发展军事科技,需要购买和维护武器,需要花费多年训练士兵,需要建立一支稳定的军队。

经济的货币化,在很大程度上是由欧洲国家须从美洲的新西班牙帝国大量进口白银所致。经济货币化使得政府可以通过货币的形式征收赋税,并用货币支付军队及公务人员。由于欧洲国家不产黄金,只生产少量白银,而罗马帝国的衰亡切断了来自东方的铸币金属供应,欧洲被迫分裂成若干分散的权力机构。这一局面从罗马皇帝戴克里先(Diocletian)到黎塞留公爵(Duc de Richelieu),共维持了1200年之久。如果政府只能征收实物赋税,如果军队只能在本地实现武装并须以种地为生,那么政府的权力范围只能维持在很小的区域内。1500年,至少3/4的欧洲人生活在非货币经济中,而在150年后,只有苏格兰高地这样的偏远落后地区尚未完全实现货币化。若不是货币革命,现代政府不会成为可能。

现代经济的发展与军事科技共同为现代政府实现组织权力垄断创造了条件。

在1650年之后的200年间,经济增长速度比军事科技发展要快得多。在此期间,虽然政府职能也在增强,但与经济总量与社会规模相比,政府的影响力日渐萎缩。这意味着外交事务仅影响政府的格局只维持了200年。

当然,军事科技在此期间也得到了迅速发展。军队不仅有了更好的装备,其规模也在不断扩张。三十年战争于1648年结束,参加三十年战争的军队与150年后拿破仑的军队相比,无论在规模、火力、作战时间还是征战距离上，都无法相提并论。世界上第一支海军于 1600 年左右由荷兰建立，在 1690 年左右变得较为普及。与其他军种相比，海军为政府带来的负担更重：海军需要资本装备，在岸上、水下要消耗大量稀有材料，在建设与维护上需要特有的科技技能，还要持续训练海军官兵。

然而，在此期间，欧洲的经济与人口增长更快。这直接催生了 19 世纪自由国家理论与实践的出现。虽然战争规模越来越大，也越来越复杂，但战争消耗占国民收入的比值在不断下降。由于国民收入统计到 20 世纪才开始出现，因此上述观点并没有数据为证，但可以肯定，被卷入长期战争的拿破仑大军对政府的消耗程度，比三十年战争时的军队要小得多。在这两场战争中，法国均首当其冲，但拿破仑军队对法国的影响程度比一个多世纪前路易十六的军队要小得多。拿破仑大军的作战范围南至埃及，北到丹麦，西至西班牙，东到莫斯科，而路易十六的军队仅仅跨过了法国边境线几百公里。

对这一事实更形象的描述是在 17 世纪的战争期间，整个欧洲大陆上所有的冶炼工匠都在忙于火枪、火炮、盔甲、长枪、马镫的制造与修复，而在拿破仑战争时期，金属铸造行业却存在严重的失业现象。当英国被卷入拿破仑战争后，英国组建了史上规模最大的军队和海军，但即使在这期间，简·奥斯丁（Jane Austen）小说中的女主角也随时可以买到喜欢的小饰品，她们的男朋友也不会抱怨雇不到佣人，或是买不到沙发、马匹、建材。

这样一来，现代政府在民众眼中的形象，已从 1660 年的庞然大物变成了 19 世纪的家养宠物。在 19 世纪的民众看来，政府履行的职能和"交通警察"差不多：确保汽车不逆行、不超速、不闯红灯，而汽车开往哪里、为何上路、乘客要做什么就与政府无关了。在历史大趋势下，个人行为空间越来越大，政府权力显得越渺小，个人行为不再受制于任何组织权力或机构权力。

19世纪的现代政府在维持权力垄断的同时，影响力却日渐式微，这一局面尤其体现在欧洲国家对非欧洲国家的统治上，如英属印度。英国政府对印度享有绝对统治权，英国政府在印度的行为须接受英国议会质询，却不必向印度的任何人解释。英国政府在印度的权力垄断程度超越任何西方国家政府。只需印度总督一句话，最有势力的印度本土亲王就可被悄悄地放逐到某个偏僻小岛，而后者在2000万或3000万人民面前，是世袭的绝对主权统治者。

此外，英国政府在印度的管理范围宽泛，表现十分活跃。除宗教崇拜外，整个南亚次大陆上的所有公共活动均受政府管辖，包括警务、司法、教育、交通、通信、灌溉、防洪、林业、农业发展、调查统计、疾病防控、医院等。此外，政府还负责为民众打井，确定属地边界，调节宗教教派之间的纷争。政府对印度教及伊斯兰教的文学经典加以收集出版，并对古代石碑进行修复和保护。

普通印度农民以"我的父亲母亲"称呼英籍地区官员，这一级别的官员一般是二十出头的小伙子。这一称呼当然只是惯有的称谓，但这也表明了印度政府期望这些小伙子在印度村庄中不仅承担起父亲与母亲的职责，而且还要充当接生婆和奶妈。

英属印度是世界上第一个福利国家,这之后100年,这一概念才正式出现。

19世纪舆论对英国政府的普遍评价是印度的公共服务系统过于庞大,这一点尤其受到英国自由党的抨击。但尽管如此,这个在南亚次大陆上无所不能、无所不在的政府,只雇用了不到1000名欧洲人管理印度所有的公共事务(即便如此,直到最近,印度政府都不允许本土印度人参与政府行政事务)。

因此,当马克思在19世纪60年代十分自信地预测"政府将走向消亡"时,与他处于同时代的人并没有感到惊讶。他只是用自己的话将人尽皆知的事实说了出来。

自由国家的衰亡

然而,正当马克思著书立说之时,历史的大潮却迅速地朝另一个方向涌去。

这时,在法国与普鲁士之间爆发了一场老式战争:1870年普法战争。同200年来的战争一样,这场战争并没有消耗国家太多的人力与财力。但与此同时,第一场新式全民战争已经打响。美国南北战争耗尽了整个国家的财力,调动全国人口投入战争生产或直接奔赴战场。联邦政府将南北战争演变为全民战争。谈到南北战争,历史学家更多地被林肯的光环及联邦将军的勇猛所吸引,却没有关注联邦政府在经济、管理、引导国民心理等方面所做的努力,以帮助国家渡过长达五年的前所未有的战争动荡。此外,历史学家普遍认为是奴隶制的废除及战争创伤摧毁了南方社会的政治传统,但事实并不是这样,是连续五年的战争耗尽了南方的元气。

其实,早在独立战争时期,现代政府的根基就已经开始动摇。独立战争带来两大革新:纸质货币及人民军队。

纸币最早可追溯到马可波罗时期中国的元朝。不过,那时的纸币是存款凭证,没有政府或其他机构、个人的信用背书,只能兑换确定金额的铸币。美国独立战争时期发行的纸币只有尚不存在的政府做担保,没有任何实质性抵押。

纸币的出现使得政府可通过通货膨胀、拒绝偿付等形式合法剥夺民众财产,赋予了政府全盘调动经济的能力,在经济领域对民众拥有无限控制权。纸币是最伟大的政治发明之一,并在出现后很快被其他国家效仿。纸币出现后不到20年即被法国采用,又过了不到20年,主要欧洲国家都已开始使用纸币。然而,纸币并不是一项富有建设性的发明,它清除了摆在政府面前的传统壁垒,使得政府行使无限控制权成为可能。尽管纸币并没有使不受控制的政府权力变得难以避免,但却为政府摆脱控制提供了条件。

美国独立战争带来的另一项重大革新是"人民军队"的出现,或者说"人民战争"更为合适。

现代政府自17世纪中期出现以来,一直动用职业军队应对各种战事。然而,美国独立战争却由"四面楚歌的农民"取得了胜利。这些业余部队,有着自己的武装、自己的战术、自己选举出的长官。尽管"民兵"的概念由来已久,但它的再次兴起具有革命性的意义。这意味着"将战争作为政策工具"这一概念已走向终点,意味着战争不再可控,不再为政府服务；这意味着国际社会不再只由政府构成，国际事务只影响政府不影响平民的时代已经结束。由于人民战争一定是大规模战争，因此，战争不再设定具体目标，而要为某一伟大事业而战。只有恶棍会以伟大事业为敌。

世人早就知道美国人既保守又激进，但很少有人认识到美国自成立之初就是如此。从政治上来讲，美国独立战争非常保守，然而，独立战争带来的政治力量和经济力量却催生了具有革新性的激进主义，在全世界具有影响力。

乔治·华盛顿（George Washington）是最文明的士兵、最温和的反叛者。如果他生活在现代，将会被全民战争、全能政府及军权国家吓到。然而，纸币和民兵这两项出现在1776年的革新，却在90年后，在为维护华盛顿联盟而战的战争中，催生出了第一场全民战争、第一次通货膨胀、第一次彻底胜利及无条件投降。随着南方盟军在阿波马拉克斯投降，现代政府的危机正式出现。

自17世纪中期至19世纪中期，战争对西方国家的经济消耗程度稳步降低。政府可以轻易地应对保家卫国这一第一要务，不受政府掌控的领域逐渐扩大，个人自由度越来越高。与此同时，现代政府对军事事务的掌控力也越来越强，愈加强调战争事务低于民众事务的原则。普鲁士将军克劳塞维茨（Clausewitz）曾发表过"战争是政治的延续"这一著名论断，19世纪头十年，这样的说法非常贴近现实，而欧洲经济也在这一时期实现了极速扩张。

然而，在过去100年间，历史的浪潮很快向另一个方向涌去，它激起的浪花正在将我们吞没。杜鲁门总统将1950～1951年的朝鲜战争称作"警察行动",这场战争对美国经济的影响与"一战"时的全民大动员差不多,而这两场战争之间只隔了一代人。战争对社会的需求不仅出现了量变,更重要的是质变。战争中所需的武器不再由和平时期的普通工厂生产,而是由特定的军工厂生产。这一转变尤为重要。这些军工厂除了生产军事器材和军事物料,别无其他用处。

19世纪初,军队"就地取材"的程度仍可远超90%。1808~1813年,惠灵顿(Wellington)的部队在西班牙伊比利亚鏖战五年。这期间,这支军队所需的特殊装备为火枪,唯一的大件是攻城火炮。部队所需的其余物料均可从西班牙当地获取,尽管西班牙在当时是"欠发达国家"。

在拿破仑时代,部队只需备足受过训练的士兵。1806年普鲁士在耶拿战败后被解除武装,其军工厂也被销毁。法国军队全程监督了销毁过程。然而七年后,普鲁士仅用了三个月的时间便组织了一支规模庞大且十分高效的军队。其间的策略是普鲁士坚持将反叛者组织起来进行训练,虽然训练方式在今天看来十分松散。

在那个年代,军队所需的战时特殊装备都易于生产并持久耐用。在整个19世纪,装甲部队是陆军最专业、训练要求最高的一个分支,通常由长期服役、高度武装的正规兵组成。然而在19世纪50年代,装甲兵只需马匹、军刀、手枪三项装备。通常,马匹的服役年限与正规兵相同,大致在10~15年,而军刀和手枪甚至可使用几十年,超过一个士兵的服役年限,历经三四个主人。

在"一战"初期,战争的性质并未发生太大改变。截至1914年,在那时的现代化部队中,战时专用装备仅占军队所有装备、物料的1/5。到"一战"末,情况已发生极大改变。战时专用装备已占到所有装备的

40%，且其中很大一部分只能在特定军工厂中生产。不过，普通工厂经过简单改造后，也可承担大部分生产任务。因此，在"二战"前，军队只需准备少量战备物资，能维持军队在普通工厂改造期的运转即可。待普通工厂完成改造后，便可大量生产战备物质。

如今，至少3/4的部队装备除战时可用外，别无其他用途。这一现象在空军尤甚。这些装备大多只能在特定军工厂生产，而这些军工厂也只能生产作战装备，无法生产民用物资。民用工厂与军工厂之间不再可以互相转换。为部署防御力量，国家必须建立极具生产力的军工系统，专为战争服务。国防支出占国民收入的比重越来越大，即便在和平时期，国家也必须拿出一部分生产力专用于战备，且这部分生产力所占的比重也越来越大。为应对战争冲突，这些具有特定用途的军工厂在和平时期就要建好，不能战时才做打算。

因此，战争科技的发展打破了战争与社会间的平衡，也晃动了现代政府的根基。

新多元主义

政府在组织机构权力上的垄断已几近崩塌，造成崩塌的推手，是社会中新萌发出的组织力量。这股新势力迅速在国家内部催生出多个享有自主权的权力中心。

在工业化社会，除非个人成为生产或分销机构的一部分，个人并不具备生产力。一个人可以工作，但却很难生产出产品。只有经营年限长于个体生命周期、不依靠任何个人而存在的机构，才真正具有生产力。

这并不是什么险恶的阴谋。如果我们想实现工业化生产，就别无选择。之所以如此，是因为现代组织将有能力、有知识、会决策的人召集在一起。这极大地推动了工业进步，也使大规模生产变为可能。然而，大规模生产并非个人能够指挥，更不必说凭一己之力完成。它需要一大批具有不同技能、知识、性格的人聚到一起，有序、持续合作；需要在即期投入资源，在未来获得产出，其间的产出周期可能超过任何个体的工作年限；需要个人无法提供的大量资本，即便大富豪克罗伊斯（Croesus）再世也无济于事。总之，大规模生产需要精心管理，需要将拥有高级技能、受过高等教育的人组织起来，对他们的工作加以系统规划、整合、度量。这只有有组织、有秩序的集体能够做到。

或者说，大规模生产需要权力中心。当然，这个中心并不完备，但能够实现高度自治。

这样一来，权力中心如雨后春笋般出现。以美国为例：50年前，在权力版图中，联邦政府形单影只。联邦政府在那时一年的开销，比如今一天的开销都少。那时一名公务员可在华盛顿享有舒适办公室，如今同样的办公室能塞下一个小型机构。50年前，州政府通常是州长一人的独角戏。成为州长当然备受尊崇，但在一些人烟稀少的州，州长仍可兼任私人律师。

尽管政府略显单薄，但在当时，除政府机构外，没有其他掌有社会或经济势力的机构组织存在。这一点非常重要。那时社会中也有非常富有的人，具有一定的个人势力及影响力，如摩根或洛克菲勒；也有几个垄断企业，让我们的祖父心生敬畏。然而，即便是其中最大的企业，其资产、营业额、员工人数在如今的"世界五百强"面前，根本不值一提。

只有少数几个铁路、电信企业,符合今天"大型企业"的概念,但却处于政府严密管控之下。除此之外,别无其他大型组织。在那时,大型企业、工会、全国农民联合会、全国制造业者联合会、全国教师联合会还尚未出现。

在那时,美国民众所面对的世界,像极了堪萨斯大草原。民众眼前只有一座小山,即联邦政府,除此之外,就只有自己的影子。联邦政府虽看上去颇具气势,但其高度不过几百英尺⊖。

如今,美国社会的权力版图早已是另一番模样。堪萨斯大草原不见踪影,民众仿若置身于喜马拉雅群山之中。这边巍峨耸立的高峰是各大商业集团,那边崎岖不平的峭壁是各大工会组织。工会垄断了贸易、制造、就业的准入权,仅为支付工会费的会员提供机会。农民由全国农场联合会控制,医生由全美医学联合会控制。即便宗教生活,如今也越来越多地被全国性组织领导,这些机构为某个教派发声,到国会前抗议示威,并组织各项运动。而在50年前,个人宗教生活不受任何势力干涉。

在政府内部,行政官僚机构及军队部门也成为有组织的机构权力中心,不过并没有实现自治。

当然,在这些年间,联邦政府的势力范围及机构规模也在不断扩张。在喜马拉雅群山中,联邦政府就是珠穆朗玛峰。然而,由于其他新机构的出现,社会权力版图也在扩张,相较之下,联邦政府的势力非但没有更强,反而有所减弱。联邦政府的权力垄断也早已被打破。

社会中的新权力中心在美国发展最快、最深入。但这些权力中心并

⊖ 1英尺=0.305米。——译者注

非美国特有，它是现代工业发展的产物。

新大都市

工业社会的发展从另一个方面大力冲击了政府的根基。它创造了新的社会形态——大都市，弱化了地方政府的影响力。大都市的具体概念，我尚不知该如何界定。

地方事务必须由地方政府处理，否则很难办成。如果地方政府确实无法办妥，则将其上报至中央政府。此所谓"政治重力法则"，与物理学中的重力法则一样，是无法避免的。但是，地方事务无法由中央集中处理，否则这将影响中央政府正常运转，使得中央政府的几大要务——制定国家政策、福利、司法、国防、外交等无法正常进行。集中规划很快就会演变为毫无计划。

地方事务必须由地方政府处理，原因之一是这些事务细节甚多，涉及大量文字材料，须应对各类制度规章及官僚程序。事发地与处置机关之间的距离越远，事情处理起来就越困难。此外，另一个潜在风险是，如果地方事务由"上层"处置，可能会被赋予政治含义，而在地方就不会。一项再简单不过的具体事物，若是上升到中央层面，便会成为重大议题，也不一定能顺利解决。

上述事实，自政府组织出现时起，我们就已经知道了。在过去25年，随着大型企业的兴起，我们又一次见证了这一过程。今天我们说的"去中心化"，就相当于在企业中分设地方政府，以便在事务现场做出相应处置。去中心化的主要目的不是为了加强部门运营管理（尽管这也非常重要），而是为了确保总部能够高效运转。如果没有各部门分担责任，企业总部高层将无法正常工作。他们将日日深陷各种琐事的细枝末节间，为私人小事大动感情，争吵不止。

在前工业化社会，地方政府事务既少又简单，且处理起来有例可循。而在工业化社会，地方政府事务急剧增多，且变得非常复杂。在制定规划及进行决策时，政府公务人员须具备专业知识与技能。地方政府事务的影响力也与日俱增。若是没有完备的交通运输、污水处理、电力及教育系统，整个工业化社会将分崩离析。

因此，工业化社会比以往任何社会形态，更需要强有力、有作为的地方政府机构提供支持。但是，在每个正在经历工业化进程的社会，地方政府都难以担当重任，原本应由地方政府处理的事务，不可避免地落在中央政府身上。

乍看之下，这好似中央政府为拓展新势力而有意为之。这一观点尤其被传统左翼分子支持，他们偏爱中央政府，不信任地方政府，认为中央政府更统一、更从容、更"理性"。在左翼分子的诸多愚蠢观念中，对中央集权的偏爱算是最蠢的了。

当然，在工业化社会，中央政府必须足够强势。它须应对的很多事情，之前的政府未曾想过，甚至未曾听说过。正是由于工业化社会的中央政府必须强势，所以，它必须从涉及地方知识、地方决策、地方行动的繁杂事务中脱身。正如大型企业为打造强有力的核心管理层，必须将具体运营决策权下放给各生产车间的负责人一样。在当今世界，法国政府包办地方事务最多，在法国，地方政府几乎不存在。但与此同时，也没有哪个中央政府像法国政府一样无能低效。造成无能低效的主要原因是地方事务、议题、偏见及由此形成的政治及情感冲击，主导了各级中央政府。

在工业化社会，地方政府面临危机的主要原因之一，是工业化社会中的居住单元不是村落、城市，而是大都市。大都市并不是大型城市。它与城市的概念截然不同。

大都市无法用已有的政治或行政区划限定。它可以迅速超越市、郡、省、州甚至国家的界线。它的边界并不固定，而是在持续变化中。针对不同的任务系统，大都市的边界也有所不同，如学校、自然水、交通、污水处理、电力供应系统，均有各自边界划分。

至少一个世纪前，英格兰内陆城市如雨后春笋般出现，催生出第一波地方政府危机。自那时起，每一个工业化城市都已进化为大都市。纽约、旧金山、伦敦、莫斯科、东京、约翰内斯堡等大都市，均以超越了已有界线。在所有工业化社会中，规模小些的都市也是如此。

在工业化大都市中，居民的经济和社会生活存在互相依存关系，这在前工业化社会并不存在。提供公共服务是城市的存在基础，包括共同防务、法律、司法、市场、通用货币、度量衡，甚至是统一的信仰、同一个神灵。在古代雅典或 18 世纪的伦敦，石匠的基本经济活动与制革工人、织布工人没有交集。而在今天，所有工种均依赖公共服务、公共基础设施并相互依存，其依赖程度前所未闻。

因此，大都市在组织活动或提供服务时，须超越传统的区域边界。在美国，州政府享受一定"主权"，而即便州政府，在处理高速公路这样的地方基础事务时,也不再便捷高效。

新泽西州建立高效的超级高速公路系统,便意味着纽约、宾夕法尼亚、马里兰、特拉华州的交通状况更加糟糕。新泽西州的新公路,虽通车能力超群,却将车辆引入临近州早已十分拥堵且运力不高的公路。如今,工程师探讨的"东海岸大城市"从缅因州的波特兰到弗吉尼亚州的诺福克,覆盖人口多达5500万,这是工程师在规划高速公路、电力供应时所考虑的最小单位。此外,在规划电力供应时,工程师还需考虑热电厂排放废气对居民健康的影响、对航空运输的影响,以及对为大都市居民提供食材的果蔬农场的影响,而这些都是高度地方性的议题。

如今,大都市生活中的社会及文化问题日益突出。大都市扩张致使乡村被毁,使得旧城中心日渐衰退。我们担心在不长的通勤距离内,尽是死气沉沉、整齐划一的农场式房屋,生活毫无生气;我们疑惑癌症、心脏病、精神病发病率的上升,是否与大都市的紧张生活有关;我们抱怨拥堵的交通、差强人意的公共服务、高额的地方赋税。

大都市的确反映了现代文明的基础问题。它有着城市的诸多传统缺陷,却没有延承其优点。当然,最核心的问题还是治理。除非存在有效的政治机构负责群体决策及群体行动,否则大都市无法解决自身存在的问题,甚至无法触及问题本质。如今,社会学家倾向于弱化政府的重要性,更加强调社会、习俗、文化的作用。然而,没有正式、有组织的政府机构参与,上述这些注定是迟钝的、混乱的、无效的。

在当今社会，大都市中毫无政府治理可言。传统地方政府机构无力应对新出现的问题，这是大都市文明、大都市文化中最深层次的问题，也为中央政府提出了挑战。由于地方政府无法有效处理大都市事务，这些事务不可避免地落在了中央政府肩上，拖累中央政府正常运转。

政府危机

在军工科技扩张、经济全盘货币化、"全民战争"、新权力中心自发兴起、地方政府崩塌的多重挤压下，民族国家的现代政府愈加难以行使职责。

各地政府变得越来越臃肿，却依然无法有效制定和执行政策。政府失职在智利社会保障系统表现尤甚。民众缴纳的社保金有六成用于行政支出，而余下的四成几乎立刻被通货膨胀吞噬。这是存在于现代政府的通病。现代政府至多做到作风正派、行政高效，但政策制定与执行变得愈加困难。

在当今社会，权力向行政机构的转移随处可见。行政机构管控交通、电力、住房等领域，这些都是地方事务。然而，行政机构从本质上来讲却很难受约束。行政机构决策具体事务，没有制定通用的、对事不对人的法律。它们并不完全遵从通用政策，也无法有效裁决争端。它们为个人创造财产、特权、利益，又随意将其掠取。在最收敛的情况下，行政机构是无限期拖延和官僚习气的代名词。为提高效率，它们动用私人关系，或收受贿赂。在工业化社会，与组织权力中心、压力集团、大都市一起，行政机构是其不可或缺的组成部分。与此同时，它们又是政治体系中的毒瘤，是对政府基本法制理念的否定、对政府以全社会利益为重这一宗旨的否定。

与此同时，个人也已成为军备政府的俘虏，甚至是奴隶。为巩固国防，如今的政府可控制民众的一切，可以征用个人的资源、技能、财产、人身自由，几乎没有限制；为巩固国防，政府控制了国民收入中相当大的一部分。如今和平时期每年用于军备的税费，是以往战时或和平时期每年税费总额的数倍。成年劳动力参加军备训练的时间越来越长，科技探索与科技进步在很大程度上为军事活动扩容让步。总之，政府对公民一切涉嫌"威胁国家安全"的活动、追求、讨论享有否决权，政府享有这项权力，也必须享有这项权力。

不到20年前，若是美国政府以国家安全为由，试图在和平时期禁止披露某项文件会被视为笑谈；而在今天，我们只是关心如何避免这项权力被政府滥用。在多数西方国家，教育已被政府控制数百年，但尽管如此，在100年前，若是政府以某人的研究威胁到国家安全为由，禁止大学雇用这个人是不可想象的；而在今天，我们只是关心如何确保政府的这项否决权仅限于具有重大军事意义的研究，确保受牵连的学者在被裁决前，相关部门能为他召开公正、公平的听证会。换句话说，如今我们只关心政府行使否决权时，能否做到程序合法；而在政府是否应享有否决权这一重大原则性问题上，我们已经做出让步。

我们做出上述决策，意味着我们已经放弃了现代政府的一大根基，即政府权力应受严格限制，尽管它是唯一的组织权力机构，且政府权力只干涉个人生活、个人行为中很小的一部分。如今，政府能胜任的工作越来越少，而控制欲却越来越强。

现代政府最严重的崩裂发生在国际事务领域。正是在这一领域，现代政府曾做出过最伟大、最具革新性的贡献。

如此一来，军事科技战争的爆发已超出政治可控范围。战争为政策服务的时代不再复返。与此相对，如今一切政策均屈从于现代战争的需要，也日渐聚焦在关乎国家生存的军事需求。

与此同时，无论对社会还是对个人，战争已不再具有任何理性意义。战争的唯一作用，是了断国际纠纷。如今，没有任何国家愿冒险开打全民战争；即便一国能打赢，也未必能从战争创伤中走出。因此，全民战争已不再是政策工具的组成部分，甚至无法被用作敲诈筹码。国际纠纷再次回到非理性状态，在理论与实践上均超出政府可控范围。它已变成难以预见的博弈，一系列即兴表演。然而，它对国家与个人的影响是全方位的。政府以国家安全的名义，不再限制自身权力，要求对民众享有控制权，而权力自限正是现代政府理论及实践的根基。但即便如此，政府仍然无法在国际纠纷中给予民众足够的保护，而这是现代政府的第一要务，是其存在的主要目的及意义。

上述转变产生的更隐蔽、更恶劣的负面效应在于思维方式、公共观点及国家政策的军事化。约翰·福斯特·杜勒斯（John Foster Dulles）在艾森豪威尔（Eisenhower）政府担任国务卿。他像任何一位普通人一样，对战争深恶痛绝，但除建立军事同盟外，他想不出其他外交政策。在美国传统中，攻击军队一向是最稳妥的政治选择。参议员麦卡锡（McCarthy）原本仕途无忧。而在他挑战军方后，尽管军方佯装退让，他的政治生涯也只维持了三个月。近十年来，大家都清楚美国教育存在严重问题。但直到苏联卫星升空，教育短板威胁到军事安全时，教育才引起社会各界的广泛关注。尽管艾森豪威尔将军是军人出身，但他对社会中的军事化趋势十分关切。在他的离职演说中，他对此做出严肃警告，不过收效甚微。

与过去的军事化过程不同，这并非军事崇拜的结果。与此相背，美国军人也对社会的军事化程度感到震惊，他们的思维方式比一般民众更加"平民"。这也不是对军人过度崇敬的结果。虽然民众对"大兵"不再似"一战"后那般憎恨，但也与20世纪20年代时差不多。军事科技即将把整个社会文明吞没。

现代政府危机并非共和制与君主制的对立、分权制与集权制的对立、成文宪法与不成文宪法的对立，也不是各种选举体系间的对立。无论如何组织政府，它都无法切实履行职能。

现代政府崩盘后，很容易形成极权独裁。极权独裁显然无法切实履行政府职能。在所有已知的政府形式中，极权独裁效率最低。

极权独裁无法克服独裁集团内部分化的问题。如今，我们已经看清，在纳粹分子情感统一的假象背后，是纳粹集团高度不称职、多个自发权力中心争权夺利及危机持续不断的现实。

此外，极权独裁无法恢复国际社会的秩序。他们只会使混乱成为美德，使欺骗成为习惯，使危机成为必需，扭曲善恶正邪的准则，将偏执妄想作为功成名就的同义词。

最重要的是，极权独裁无法解决政府运行面临的首要问题，即如何实现政权有序更替。

千百年来，这是各式政府面临的基本问题。从部落时期的勇士比武到宪政政府，政权能否有序更替一直是政府需要解决的重大问题。政府若想成为"优秀政府"，首先需要有效发挥职能。而只有政权实现自动、有序更替，新政权能够即刻发挥效能，政府才能有效履职。

为解决政权更替问题，美国宪法提供的方式是为数不多的有效方式之一，但它还远不够完美。它建立了政府合法首脑的自动继任制度，继任者对政府机构享有完整控制权。然而，它只不过是设置了一位应急副总统而已。只要总统健在，副总统更像"吉祥物"和"待位者"。这是人类智慧能设计出来的最令人沮丧的职位。如果副总统安于现状，会被指责没有雄心壮志；如果他雄心勃勃，会被指责蓄谋篡位。此外，从艾森豪威尔政府的情况来看，我们还没有解决现任总统部分残疾及精力减退的问题。

对现代政府而言，更有前景的解决方案是政治多元主义，尽管此方案尚不成熟。政治多元主义是指在法律框架下，通过权力制衡构建政府。这是美国的原创。美国从来没有完全认同过现代政府及民族国家理念，正如它没有完全接受现代西方笛卡儿式世界观一样。尽管多元主义在上升至国家概念的过程中几经弱化，但它仍是美国政治生活的主导，主宰美国社会、经济、文化及宗教生活。

多元主义与共同利益

美国多元主义最为成功的创新是美国政党制度。它或许对未来具有十分重要的意义。

仅仅几年前，认为美国政党制度没有原则、不合时宜的批判十分常见。已故的英国左翼思想家哈罗德·拉斯基（Harold Laski）在战后对此展开了猛烈批评，不过他只是在重复已被国外观察家及美国政论家讨论了至少100年的观点罢了。批评观点认为，美国政党是非意识形态的，毫无立场可言。他们没有理想、没有规划、没有信仰、没有原则。他们的唯一要务是对社会及各阶层的"利益"进行整合，以获取权力。

如今，我们已经认识到，正是美国政党非意识形态的特性，使其成为推动美国团结统一的力量。若是美国政党忘却这一原则，如1964年共和党提名巴利·戈尔德沃特（Barry Goldwater）[一]为总统候选人那样，便会招致应得的惩罚。四年一次的美国大选，推动了美国全国性联盟的建立，是抹平各种缝隙的桥梁。若是将教条正义置于国家利益之上，政府便很难成功设立。在西方国家，政党或是演变为非意识形态联盟，如欧洲大陆上的基督教民主党及英国保守党；或是像法国政党那样故步自封，只有在反对党位置上才能发挥效能。

总之，我们愈加清楚地认识到，多元主义是我们所需的新政治理论与新政治机构的起点。在组织权力巨头的缝隙间，它仍为个人自由与个人选择留下了空间。至少，它接受了如今政治生活的各个领域均呈多元化态势这一事实。为解决政治生活中的问题，它为我们提供了唯一有效的新机构，即通过公共集团来解决大都市中的某项具体问题。例如，伦敦客运局、纽约港务局、莫斯科电力局、安大略水电局、莱茵－威斯特法伦电力局、田纳西河务局等，这些都是为满足新型大都市的需求所建。在一百多年前，伦敦警察局，即大家熟知的苏格兰厅，是第一个此类机构。自那时起，在各地，公共集团成为解决大都市本地问题的机构。大都市的公共集团并不完美。它仍是地方政府部门，但不实行地方自治；它并没有摆脱本地政府控制。但是，它却是我们能够设计出的最优机制。

[一] 美国演员。——译者注

若要解决国际事务中的重要问题，如贫困国家如何实现教育及经济快速发展，则须将国际政策及国际合作具体化为自发的多元化机构。马歇尔计划是近年来最有效的国际提案，它就属多元主义机构的范畴。

尽管在美国之外，多元主义存在还不到 300 年，但它应成为政治秩序中一个严肃、重要的理念。不过，多元主义尚不能为我们提供急需的适用于政治整合的新原则、新机构，它能否恢复国际社会秩序，也高度存疑。在过去 10 年，美国政策建立在多元主义之上，尤其是在公共安全及经济发展领域建立多个区域联盟。多元主义还没有成功到可上升至原则高度，也没有彻底失败，招致全盘否定。

更重要的是，对旧多元主义的痼疾，尚无根除之道。多元主义机构及区域权力中心的冲突、私利、短视及盲目追求效率，威胁着联邦共同体的存在。多元主义体系均存在这一问题。对于多数多元主义体系来说，这一问题是致命的。

在旧有的多元主义框架下，为平衡兼顾各方利益，决策者往往设计一个折中政策。在美国，卡尔霍恩（Calhoun）极大地推动了这一理念的发展，它几乎成为罗斯福新政时期精明年轻人的官方哲学。然而，认为将各种短视观点剔除便可获得正确观点，认为各方私利斗争会产生无私行为，这样的理念，我们能充分信任吗？

显然，这是一个关键问题。在今天的经济及国际环境下，政府的首要任务是确保共同利益居于局部利益之上。然而，除了战时，如今的多元主义政治却并不认可共同利益优先。

现代政府危机并非政治领导人不称职或德行差引起。即便是更优秀的人，甚至是一代伟人，都难以完美履职。现代政府危机的本质决定了，即便领导人化身"超人",也无法交出满意答卷。如今,单从体力因素来看,美国总统及英国首相根本无法完成应做的任务。但是,他们却无法将权力下放,因为任何细节都对国家兴衰及政府运行至关重要。可以说,现代政府危机的本质是基础政治理念危机;"主权""民族国家""权力平衡""国防""法制政府""议会控制"等术语,正在急速丧失原有的意义。

因此,只有新政治理论及由此催生出的新机构,才能化解这一危机。然而,如今的政治理论界一片荒芜。欧洲政治哲学的上一个黄金时代,是霍布斯(Hobbs)、洛克(Locke)、哈林顿(Harrington)、博丹(Bodin)、孟德斯鸠(Montesquieu)的时代,距今已过去了300年。伯克(Burke)已经去世150多年了。美国历史上曾短暂出现过极具创造力的政治思潮,涌现出《联邦党人文集》这样的作品,以及约翰·亚当斯(John Adams)、杰斐逊(Jefferson)、马歇尔(Marshall)等政治理论家。然而,这一思潮于一个多世纪前,随着卡尔霍恩局部多元主义的兴起而终止。

关于基础政治概念的思考,在近来变得无足轻重。现代政府日渐繁荣,民族国家无所不能,使关于"联邦共同体根基"的讨论变得多余。大家可以研究社会理论、经济理论,但是政治理论,把现成的拿来用就好了。很多大学不再开设政治学课程,政府将精力集中在自身具体问题上。在这一点,多个国家对现代政府的定位实现了一致。

如今,我们进入了政治哲学的又一重要时期。世界急需创造性的、独立的、深刻的观点,需要新的基础理念及新机构。新理念的起点必须是多元主义,而多元主义仅在美国活跃至今,因此,这尤其对美国提出了挑战。这主要是政治家的任务。相比学者,经历过大事件的政客更有见地，当然，哲学家也责无旁贷。不过归根结底，这是全体公民的共同任务。

在理想的政治理论框架下，政府是高效的、强势的，民众拥有充足的自由空间。我们需要新型地方自治机构，以及新型国际机构。我们须接受新权力中心林立的现实，但要确保它们不凌驾于共同利益及个体自由之上。我们需要多元主义，但多元主义须蕴含在客观、通用的法律之中。

全新的政治实践已经开始。这其中最重要的部分，是关于新型机构中社会秩序的理念，但这些理念却鲜少被人理解。尽管这样，我们仍须努力完成待做的工作。现代政府危机并非哪个国家专有，因此，每个国家都要认真对待政治理论革新问题。每一个人的生活、自由，甚至生存都与此息息相关。现代政府的衰亡影响我们每一个人，现代政府之后的政治原则、政治架构及政府机构也将如此。这为保守的革新者提出了挑战。在后现代社会，这是一个切实存在的"领域"，也是各国均须面对的"共同领域"。

CHAPTER 8 | 第 8 章

变化中的东方

> 东方在东，西方在西，彼此平行，永不交汇。

在大英帝国如日中天之时，英国诗人吉卜林（Kipling）这样写道。数百万人从未听说过他，却熟知这些诗句，其中很多人仍对此深信不疑。

对未来做出"永不"的定论，总是过于轻率。吉卜林离世才 30 年，今天，在以混沌、无序、混乱为主旋律的世界文明中，彼此平行的两个世界已经交汇。"东方"和"西方"逐渐变为单纯的地理方位名词，不再承载过多政治、文明及文化意义。"联邦"已取代"帝国"。尼赫鲁（Nehru）一直是英联邦会议上的主导者，直到 1964 年去世。在他身上，东西方气质并存。他既是热情的印度民族主义者，又是英语散文大家；既是拥有高贵姓氏的婆罗门成员，又是费边不可知论社会主义者；既是印度乡民的偶像，又是重工业的拥趸。

不过，吉卜林也没有错。他所说的西方和东方确实没有交汇。19世纪欧洲权力体系与拥有部族村落、孔雀王朝、犁耕农民、背诵儒家经典的神秘东方确实没有交集。

但是，两者均已消逝。

仅50年前，欧洲权力体系与欧洲宗教战争结束时相比，没有太大差别。日本和美国这两大欧洲之外的权力巨头，直到"一战"才被纳入该权力体系。在之前的250年，权力巨头均来自欧洲。除俄国外，所有欧洲大国于1648年签订《威斯特伐利亚合约》，首次建立起欧洲权力体系。自那时起，合约缔约国即为欧洲权力体系成员。

自恺撒·奥古斯都（Caesar Augustus）时代以来，这是最稳定、最有势力的权力体系。1700年之后，欧洲强国可通过条约，以赠予或移交的方式，获得对百万人口大国的政治统治权及经济控制权。对这一制度的唯一挑战来自美国。尽管从种族及文化角度来看，美国也是欧洲国家。美国通过1823年的门罗宣言及1902年的门户开放政策，阻止了中国被欧洲列强瓜分。

仅70多年前，欧洲小国比利时的国王通过家族关系，获得了1/4非洲大陆的所有权。当时人们觉得很正常。20年后，他理所当然地在遗嘱中处理刚果的土地及人民。即便"一战"，也没有对欧洲权力体系产生太大影响。"一战"战胜国瓜分了战败国在亚洲、非洲、大洋洲的殖民地，丝毫不顾及殖民地人民的感受。

直到20世纪20年代中期，世界上只有一个国家未被欧洲人及其后代控制：日本。此外，还有七个非欧洲主权国家：中国、暹罗[注]、阿富汗、波斯、埃塞俄比亚、利比里亚、海地。其中,利比里亚及海地为美国的被监护国,暹罗、阿富汗、埃塞俄比亚是诸列强领土间的"缓冲地",各列强有意维持其独立。波斯尽管名义上是主权国家,但实际上被分为英国控制部分与俄国控制部分。

有时,历史小丑比悲剧演员告诉我们的更多。英国一名退役陆军上校就是其中一位。1920年左右,他宣称发现了"大金字塔的秘密",称英国是以色列迷失部落,合法享受对世界的永久控制权。他的证据是:上帝赐予以色列装满牛奶和蜂蜜的土地,而英国控制着全球的石油与橡胶,两者刚好对应。当然他是个疯子。但在英国及其属国以及美国,却有成千上万人对此深信不疑。直到20世纪40年代,在加拿大乡村仍有相当强的支持浪潮。

20年前的"二战",也是在欧洲权力体系框架下打响。"二战"中最关键的决策,是把美国力量部署在欧洲战场,而不是太平洋战场。这是一个既艰难又冒险的决策,这将意味着英国对印度统治的终结。但在当时,这是唯一的选择。

罗斯福总统认为,重新建立1914年前的欧洲同盟,将使欧洲免受德国入侵,也将重塑世界和平。但他的想法是错误的。不过直到1943年及1944年,世界大战的胜败关键仍在欧洲。

"二战"后的几年,世界秩序仍在欧洲权力体系控制之下。不过,传统欧洲强国在此期间逐渐衰弱,由此造成的权力真空由美国军事及经济

[注] 泰国的旧称。——译者注

霸权填补。不过，这一格局并不会延续，不会有独霸世界的国家出现。认为独霸格局能持续或应持续的观点，只是西方人，尤其是美国人的臆想。不过，在战后最初几年，尤其是美国垄断核武器及主导世界经济期间，旧西方权力格局的轮廓仍清晰可辨。

不过现在，旧轮廓已彻底消失。欧洲在远东的殖民地被日本占据、印度独立、朝鲜战争、苏伊士战争，这些都成为埋葬欧洲权力体系废墟的力量。在此之上，新的世界版图得以创建。新秩序的最终结果是欧洲一体化。这既是欧洲旧权力体系的彻底终结，也是迈向新稳定、新秩序的第一步。

西方：胜利还是失败

欧洲权力体系在其成功中走向衰亡。每一股摧毁它的力量都源于西方，滋生并传播于西方。民族主义是西方自家的坏孩子。反殖民主义运动只是在复述历代欧洲及美国自由主义者的观点而已。在世界各地，反殖民运动由接受西方教育、西方训练的人领导，有西式思维、观点、原则。20世纪30年代，据说只有获得牛津大学、剑桥大学荣誉学位的印度人，才有资格因对抗英国殖民统治入狱。如今，这样的说法适用于所有尚存的西方殖民地。

继任欧洲权力体系的新秩序或许是反西方的，但并不是去西方化的。如今，世界上的每一个新国家，包括那些尚未完全摆脱殖民统治的国家，在转型过程中，会借鉴西方发展起来的理论、机构、科技及工具。

吉卜林及他的同辈人，无法预见这一发展。

在他们看来，非西方民族不可能接受来自西方的机构、观点及原则。如今，这是十分合理的假设。

以美国黑人为例。在所有非欧洲民族中，美国黑人与其原有民族的文化相离最远，接受纯粹西方文化与传统的时间最长、最彻底。然而，在"一战"前后，当布克·华盛顿（Booker Washington）的"隔离但平等"证明不可行之后，美国黑人的第一反应是掀起反西方运动，将反对标语改为"隔离但彻底隔离"。30年前，美国最大的非欧族群最强烈的诉求是像马库斯·加维（Marcus Garvey）那样，对白人世界的价值观、机构、制度加以猛烈批判。他们提议以非洲文化为基础，建立与白人完全分离的美国黑人文化，并在白人社区之外，建立黑人社区。

如今，这些运动早已不见踪影。当南非人博尔（Boer）提出同样观点时，他被认为是粗鲁的、危险的，被各地善良人士谴责。仅仅一代人之前，这一观点还被认为是前瞻性的、进步的。直到1935年，在白人社会为黑人争取解放、平等的组织，如全国有色人种进步联合会（NAACP）等，还被认为是"胆小的、保守的调和者"。

事实证明，西方价值观及西方机构的力量十分强大，不仅使马库斯·加维的梦想无法实现，任何以非欧文化为基础建立新的、独立的非欧社区的试图都难以成功。无论一个民族的文化有多久远的历史、多丰富的内涵，同美国黑人一样，所有非欧民族都已接受"隔离但平等""彻底隔离"并非解决问题的方案；要实现与西方人地位平等，首先要完成自身西化。

吉卜林那代人的第二个假定，是非欧民族无法学会西方的生产方式，尤其无法精通西方的工业和军事科技。这一点也已被否定。

> 在"二战"之初，人们认为日本人天生无法驾驶战斗机，因为"他们的眼睛有问题"。后来我们才发现，日本人驾驶战斗机的技术在全世界首屈一指。在朝鲜战争期间，美军不少高级别专业士兵认为中国军人经不住战火的洗礼，不敢在夜里打仗。此外，还有一个旧论认为印度及中国无法培养出高效产业工人，因为印度有种姓制度，而中国人都是个人主义者。这一谬论，在100年前已被推翻。

50年前，北大西洋沿岸国家实现了对工业及军事科技、知识、技能的垄断。然而，认为这一垄断将无限期延续下去，则是毫无道理的。科技并非腾空出现，而是价值观、文化传统、历史发展的产物。虽然这些均来自西方，但日本的经验证明，非欧国家掌握西方工业及军事技术的能力，远比西方人假定的强得多。在世界范围内，非欧国家正在迅速推进工业化进程，建立西式军事武装。北大西洋国家对技术的垄断已被永久打破。

东方的变化

欧洲权力体系已经崩塌,与此同时,东方也在发生变化。

在西方,东方(或非西方)观点影响力越来越强,也吸引越来越多人的兴趣。这与先前的情况有些矛盾。这一趋势从高更(Gauguin)开始,随后原始黑人雕塑对现代艺术产生较大影响。在音乐领域,它促使了爵士乐的诞生。在政治领域,甘地(Gandhi)对西方自由主义与和平主义影响很大。如今,西方社会对非西化西方人,即美国印第安人的文化产生了极大兴趣,尤其是中美洲及安第斯地区的古老文明。

此外,日本也对美国的艺术、建筑、设计产生了一定影响。人们对东方的形而上学,即禅宗学产生了浓厚兴趣,这将对我们的世界观产生重大影响。

越来越多的历史学家强调,"世界历史"不再只是"欧洲历史"的放大。如今,古希腊文明更多地被列为伟大的东方文明,而非孤立的西方文明。

可以说,欧洲已经失去了旧有的、不可动摇的优越性及地方局限性。日本、印度这两大最古老、最先进、最富裕的非欧文明,都曾试图以自身非欧文明为基础建立运转良好的社会,但都失败了。

现代日本用了超乎寻常的努力,以自身的精神及社会传统为基础,建立一个能在现代世界立足的社会。一方面要保留日本文化的精髓,另一方面要借鉴欧洲的模式与工具。

能力强、懂奉献、头脑清楚的一代日本人，用了三四十年的时间，将 1857 年最后一届幕府统治下的停滞、僵化、士气低落的日本，转变为 20 世纪 90 年代充满活力、组织有序、自豪骄傲的日本帝国。在对国家进行西化方面，他们取得了彻底成功。1857 年，日本尚无法抵御一只外国炮船的进攻，无法保护自己的内港；而 50 年后，日本可以战胜沙皇俄国的陆军和海军。1857 年，几乎所有日本人都是文盲；而 50 年后，日本民众受教育的程度已超过多个欧洲国家，日本高中及大学入学率已赶上德国。1857 年，日本是世界上最贫穷、最落后的国家之一；而 50 年后，日本成为人均年收入最高的非欧国家，在重工业领域做到自给自足，并能参与世界市场上的竞争。

可以说，19 世纪晚期的日本是欠发达国家实现经济快速发展的杰出典范。日本成功克服了国内资源匮乏、人口众多、国土面积狭小的困难。

然而，将现代日本建立在日本传统文化、社会、政治基础上的尝试，终究还是失败了。它制造的紧张、不安氛围，使下一代二三十岁的日本人，以自我毁灭的方式变得难以自控、精神失常。当被战败的羞辱包围时，来自西方的模式与工具并没有消失，反倒是维持传统文化的意愿不再强烈。如今，日本的兴亡与国家西化的成败息息相关。

与日本人不同，甘地并不认可东西方的融合。他希望在精神力量的基础上，建立一个更好、更纯净、更强大的社会，成为东西方共同的典范。

这一愿望非常伟大，也体现了甘地对世界局势的深刻理解。甘地是一名伟大的领袖、一个圣人、一位有大智慧的政治领袖。自 2500 年前的王子佛陀之后，他对印度民众的影响无人可比。无论是受过教育的印度人，还是泥屋中孤苦无望的印度民众，都被他的愿景所吸引、所感动。即便起义与规劝都不曾撼动的贱民制度与地主所有制，在他的感召下，也出现了松动的迹象。

英国的统治在甘地面前彻底崩溃。印度独立首先是甘地的功劳。如今，每一位印度领袖都宣称自己是甘地的信徒，但是，仅在甘地去世后10年，他的社会、政治、经济教义已荡然无存。印度希望通过快速工业化，通过发展钢铁、化工、水电、运输来实现国家复兴，而非甘地纺车下的自我否定及严厉的反工业主义。在国防领域，印度打造了一只全西化军队，而不再执行甘地的非暴力抵抗政策。

我深信，甘地对印度产生了深远影响，除非独立后的印度陷入混乱、内战、极权主义，或被新的入侵者征服。但是，不会有人去尝试实现甘地的社会理想。这一后现代理想比任何西方国家更能体现西方基础价值观，但却建立在印度自身的精神遗存之上。甘地的尝试是高尚的，也赢得广泛响应，但最终以失败收场。

吉卜林的同辈人认为，东方人拥有深厚、强悍的力量，能够抵挡来自西方的理念、机构、技术、物品的侵蚀。他们的这一观点是错误的。

而对东方世界的西方代表来说，恰是东方的抵抗拒绝，赋予其别样的魅力。印度的寇松（Curzon）、摩洛哥的利奥泰（Lyautey）、尼日利亚的卢格德（Lugard）、阿拉伯的劳伦斯（Lawrence）等著名殖民者与吉卜林，他们在西方社会中是异类、陌生人、反叛者，与周围环境格格不入。他们不断美化东方，将建立强大东方、使其免受西方欺凌视为己任，如1906年寇松试图在印度"大皇宫"重建莫卧尔帝国就是诸多例子中最极端的情况。这表明他们无法正视接受过西方训练的西化律师、教师、记者、政客所带来的影响，更不必说理解这一影响。而这些视西方知识分子为"人渣"的西方殖民官员，最终被这些"人渣"推翻。

前殖民者菲利普·伍德拉夫（Philip Woodruff）著有《治理印度的人们》（The Man Who Ruled India）一书。在这本颇有见地的书中，作者又提及上述话题。不过这本书写于1953年，距英国结束对印统治已有六年。法国在非洲的政策也存在同样的臆想。此外，美国在阿拉伯世界的政策也受此影响，美国的症结正出在此处。

当然，非西方社会的历史遗存及价值观念并不会永远消失。古老而先进的文化、厚重的传统不会一直处于衰败、迟钝、无效状态。只要非西方国家建立起运转良好的社会，古老的传统将重新焕发生机。这一点，从印度的尼赫鲁、阿拉伯国家的纳赛尔（Nasser）和布尔吉巴（Bourguiba）、加纳的恩克鲁玛博士（Nkrumah）的经验就可看出。

不过上述这些领导人，并没有就价值观及机构设置达成共识。他们的主要分歧在于经济组织应遵循怎样的原则，但均认为通过工业化及大型企业实现经济发展，是人类社会发展的主要目标。此外，他们都认为应利用好出版业及大众媒体，使其发挥宣传交流的作用；应推崇教育，使专业律师、医生、科学家、官员、技术人员拥有较高的社会地位。

东西方是否会交汇

如今，这是一个早已过时的话题。无论在牛津还是哈佛，在新德里还是突尼斯，提出这个问题的人都会被认为是"守旧派"。

尽管早已过时，但这个问题仍然存在。西方机构并不是机械拼凑而成的，而是经历漫长、痛苦的过程后，西方社会结出的硕果。它并非适用于任何标准模型的可拆换零件，而是价值观与经历、情感与历史、牺牲与感知组成的有机体中有生命力的组织。

在非洲西海岸的一些新独立国家，新政府的议会发言人摆弄着威斯敏斯特式的假发和仪仗。他们在排场、细节、品位上，均遵循"议会之母"的程序。尼日利亚或加纳的议会发言人是高贵绅士，继承英国思想家、政客、议员的精神传统。这一传统可追溯至兰尼米德（Runnymede）的男爵，甚至尚存古罗马与古希腊遗风。

然而，这位国会发言人的父亲可能是部落首领或巫医，他的根基在铜器时代的部族社会。他或许能背离他的父亲，却无法批判自己的部落。这一铜器时代部落就是他的选区。只有他向部落民众传达自己的立场，并说服他们跟随自己，他才能充分发挥效能。

在这些国家，虽设有完备的议会、行政、司法、公务员制度，但全国上下或许仅有300人对西方传统有足够了解，能知道这些机构在做什么，而更不必说有多少人知道该如何运转。那么，如果这些人离开了，会发生什么呢？他们能培养足够多的继任者吗？这些舶来机构能有足够的时间扎稳根基，能获得足够的关爱与理解来支持自己茁壮成长吗？它们该如何与部族村落有机融合，能融合在一起吗？这些西方机构会成为使新独立国家团结一致的工具吗？还是沦为暴政与恐怖、流血与内战、剥削与瘫痪、残酷与混乱的挡箭牌？

上述问题，不仅是突尼斯与加纳应面对的问题，也是印度正面临的问题。能充分理解并认同西方价值观与西方机构的印度人占印度人口的比重，与西非国家情况差不多。

西方工业科技与军事科技在非西方世界快速、轻易传播，使上述问题更加严重。科技并非无形的、抽象的，并不仅是生产工具。它生长于文化与历史传统，需要文化与社会土壤。正由于此，它并不能简单地被施加于一个既有文明之上。科技对文化土壤有着挑剔的要求，任何不满足条件的文化将会被无情摧毁，包括非洲部落与印度城堡。而无论科技能带来多高的生活水平、军事水平，它能生产出文化与社会吗？

西方科技以西方文明为基础。在过去200年，所有伟大的科技变革均能追溯到中世纪文艺复兴及更早的圣本笃教规。西方社会用了很长的时间来适应"新增长"，因此出现了相应"抗体"；而在非西方世界，现代科技是"外来抗原"，它以爆炸式速度生长，使其宿主很难形成有效抗体。

通过摧毁原有的政治与社会传统，西方政治与社会机构能更容易地占领非西方世界，也使得非西方人民更为彻底地认同西方机构的基础价值观。而在非西方国家成长为有凝聚力的国家之前，这样做无异于连根拔起，弱化其国家实力。

随着东西方的相互融合，后现代社会的几大主题被联系在一起。

教育是西方化的缘由，新的世界模式对知识型社会有极大需求。受教育人才短缺成为其软肋，而全民教育的发展又为其带来希望。

经济发展的愿景是推动西方化进程的力量。正是这股力量，在20年间，将曼谷街头最先进的交通工具由肩挑背扛升级为卡车，也改变了亘古以来从未变过的一些期望、信念与生活方式。与此同时，经济发展失败导致的种族间、国际性阶级战争，是老牌西方国家及处于西方化进程中的国家所面临的巨大威胁。

对于后者来说，仿照现代政府构建政治机构是唯一选择。它们必须成为民族国家。只有它们的政治机构充分发挥效能，它们才能存活。然而，这些政治机构与西方机构一样，无法有效处理国际事务，面临军事科技发展过快及社会军事化的威胁。

总之，这些国家需要新的、后现代的、后笛卡儿式的世界观。这将帮助它们把自身的传统与西方的信念、机构、知识、工具整合在一起。没有哪种现存文明在穿别人的衣服时，能够完全合身。

世界通用文明的兴起是如今诸多新领域中最伟大的一个。它是最伟大的变革，也提供了最好的机会。但是，它又将扮演怎样的角色呢？

第 9 章 | CHAPTER 9

未 竟 之 业

当今世界的政策与行动,主要满足各项新领域的需求。只有在以新现实为基础的情况下,它们才能发挥效能。

然而,美国在制定政策、采取措施时,却依然以过去的情况为基础,旨在解决过去的问题,以为世界仍是昨天的世界。我们把新情况视为"暂时性突发状况",很快就会消失;或是把它们当作正常情况的偏离,很快就恢复正轨。我们把新任务当作麻烦、问题,而非机遇。

归根到底,这是整个西方社会所面临的危机。这一危机关乎视野与理解、领导力与现实主义。我们处于致命危险中,并非因为我们软弱,而是因为我们集中力量去解决昨天的问题,不断重复昨天的标语。

新 领 域

西方国家的政策必须围绕新领域中的挑战展开,必须满足新现实的需求。我们必须制定有建设性的政策，去新建、去行动、去引领。

无疑，我们拥有必备的人力和物力资源。我们拥有直面现实、不被自己制定的教条蒙蔽的能力；拥有接受考验、多样化、异端观念的能力；拥有承认无法事事知晓，并时常犯错误的能力。最重要的是，在政府及社会，我们拥有鼓励个体独立思考、独立行动的能力。

我们尚未彻底失败。如今西方世界能够存在，就是一个了不起的成就。20年前，在"二战"开始时，很少人认为西方国家能存活下来。我们的政策没有错。整体来说，西方世界是勇敢的、负责任的、团结一致的。但是，我们做得还不够。我们过于关注防御，而放弃了领导权；过于关注当前问题，而不去谋划未来。

历史上，美国南北战争的情况与现在极其相似。这场战争的结果取决于美国西部。新西部的出现为反奴势力增添了决定性的力量。新西部的铁路给联邦军队带来了巨大的战术与经济优势，西部与西南部的胜利使南方盟军分崩离析，并剥夺了其经济基础。

林肯自己就是西部人。他和他的多位将军都清楚西部的情况。但是，他们却没有充分利用西部资源乘胜追击。他们被独立战争的经验及彻底的防御思想所禁锢，将所有兵力部署到弗吉尼亚半岛。这个半岛过于狭小，使得联军在人数上的优势反而成了负担，无法取得决定性胜利。后来，谢尔曼（Sherman）率军横穿佐治亚，从美国西部到大西洋，给联军的战斗力以决定性的打击。而在人数占优的情况下，胜利本可提前两年实现。

> 联邦军队为没有充分利用自身力量及知识、没有在西部乘胜追击付出了沉重的代价。战争持续时间被延长数年，最终在经历一场旷世之战后，以格兰特（Grant）攻下弗吉尼亚半岛而宣告终结。

除政治决策与政府行为外，新任务的完成还需多方参与，但政治力量须占主导地位。西方国家政府在制定国内外政策时，须将发展教育作为优先考虑事项。但是，单凭政府的力量，还无法设计出所需的新教育政策、教育方法。它们必须出自哲学家、教师，还需要公民对教育的热情关切。

同样地，在发展经济时，政府也只能承担部分工作。私有企业及私人投资在其中发挥重要作用。一个能充当典范并颇具启发力的工业化社会的建设，需要每一位负责任的经营者及行业联盟领导者的参与。而一门可学、可教、可予人以激励的管理学科的建立，则是只有个人能完成的职责。

总之，在政治整合的新理念、新机构方面，政府无法提供急需的新观点。是人民，是政治家、教师、艺术家、作家、法官、牧师正在创造着东西方融合的文明，可能成功，也可能失败。

我们必须接受新领域中的各项任务。我们必须用自己的话语，以自己的行动，承担起相应责任。在维持机构自由、民众解放、必备国防的情况下，我们须给新领域中的各项任务以优先权。

这意味着，我们必须摆脱过去的束缚，忘记昨天的口号，舍弃19世纪的承诺。这些承诺在今天已十分空洞，却仍被奉为政治传家宝。要做到这些，对西方左翼人士来说最为艰难。尽管欧洲社会民主主义及美国进步主义所阐述的观点已毫无生命力，但它们却能催生令人欣慰的自我正义感，让人在混沌状态下感到温暖、炽热，心情舒畅。此外，传统右翼人士也须不断成长、直面现实，他们也是被困于幼稚的情感之中。

各地的教育者均须放弃一些备受珍视的传统。如在很多地区，认为高等教育应只向少数精英人士开放的观点仍占主导；商人及经济学者仍信奉前工业化时代的经济理念，认为帮助欠发达国家发展经济是慈善行为、政治贿赂，而非助推本国经济发展的强势投资；工会领导者仍认为更少生产是收获更多的最快途径。上述问题的关键不是自私，而是当事人没有认识到应如何摆正自我利益；不是恶意算计，而是善意平庸；不是无知，而是没有利用好自己掌握的知识。

这个过程亟须领导力，领导力是最有效的工具。它能唤起人们建设的渴望，能提供新的视野与焦点。它能将知识结晶为行动，将善意转化为奉献。

最终，我们须将这些新任务看作机遇，而非问题；把它们看作通往成功的机会，而非颇具威胁的风险。前沿地带中，总是遍布危险、未知的恐惧与潜在的威胁，如今的情况也不例外。尽管若是无法妥善解决好后现代世界面临的各项风险，西方世界的价值体系，甚至整个西方世界将会崩塌，但是，前沿领域也提供了机会，让我们在自己的信仰、价值观、知识、力量的基础上，构建一个新的、持久的、颇具生产力的社会。未来尚有艰巨的工作等待我们去完成，但这些工作不是去破坏、去防御，而是去确定、去创造、去建设、去引领。

第 10 章 | CHAPTER 10

人类今日之境遇

到目前为止,我们已经论述了人类所处的各个领域,包括感知与观点的领域、政治秩序与社会机构的领域。然而,人类自身也是一个小宇宙。在后现代世界中,人类该如何寻找立足之地?

人类自身的小宇宙也已经发生改变,变化程度甚至大于各个外部领域。知识与能力是人类的两大核心特质。它们的内涵已经发生改变,也改变了人的含义。但在我们的哲学体系及社会、政治机构,我们的观点、方法、当务之急、思维方式,却仍是先前时代的产物,已迅速被时代抛弃。我们已踏上变革的征程。我们驶向全新未知的海域,却以旧有的地标导航。

20 世纪,人类能够利用知识,在精神上和肉体上完成自我毁灭。这一点为人类的存在增添了新的维度。

人类恐怕永远无法从探索中走出。相反,我们知道得越多,我们越认识到自己的浅薄，在所有知识领域，在各自然学科及人文学科都是如此。不过，我们获得的知识是实实在在的知识，给我们实实在在的力量。在现有武器之外，我们或许还能设计出更具摧毁力的武器。但对于人类世界来说，最极端的情况无非是全人类一同灭绝，而这点现有武器已经能够做到。

人类向来善于大屠杀。但即便最恶的人，也从未试图毁灭全人类，总有幸存者能从头开始。在过去，最惨烈的屠杀一般是地区性的。而现在，只需几秒钟的疯狂，整个地球都可被摧毁。

正是由于赋予了人类自我毁灭的能力，科学已经与人类的存在息息相关。如果我们要生存下去，我们必须学会与心中的魔鬼共存，必须控制好所拥有的绝对力量，必须直面时刻存在的、自我毁灭的威胁。

与此同时，我们还获得了更强力但更易失控的知识，即通过摧毁一个人的人格，从心理上、精神上将其毁灭。

大家普遍认为，与人的行为相关的学科，如心理学，其发展没有跟上自然学科的步伐。这是一种错觉。诚然，我们还不知道如何使人变得更好、自控力更强，但我们却已经学会如何使人变得更坏。我们已经学会如何控制他人、奴役他人、摧毁他人、麻木他人。相关知识已接近具有绝对杀伤力，使人不再具有道德情感、负责任的意志，使人不能再称为人。我们知道如何操控恐惧与情感，将人变为一架生物机器，没有信仰、价值观、原则，没有热爱、骄傲、人性。通过系统恐吓、教化、欺骗、思想管控，通过操控激励、奖励、惩罚，我们能将人摧毁，把他变为野蛮的动物。

在行为科学中，凡是不竭力提升人的掌控力的，都是对人类的背叛；

凡是不重视人的理性、精神世界的，都是对科学的背叛。如果不以这些为前提，行为科学产生的毁灭性结果只会被滥用，没有合法用途，但这并不影响到其产生的结果的威力。

与毁灭人类肉身的知识相比，能够毁灭人类人格的知识更具杀伤力。人固有一死，这点所有人都清楚。人类世界中的每一个主流宗教，都预测了人类最终的灭亡。然而，无论人类从何时何地觉醒，人类认识到了人与动物间有着区别，人类的生活远不止活着那样简单。正是基于此，人类创造了宗教、文化、文明、艺术、科学、政府。这些并不会随着人类肉身的死亡而消逝。但是，极权暴政极力否认上述觉醒。极权者认为人是可驯服的动物，比一般动物聪明得多，但也比它们温顺得多。极权者对人性了如指掌，并以此为工具将人降级为可驯服的动物。

两千年来，基督教徒对世界末日及反基督者灭亡的预言深信不疑，并从中颇受启发。如今，这一启示性的预言已成为切实的经验。反基督者毁掉所有人的期许，通过奴役他人实现自己的希望。开始有人忽然觉醒，认识到确实有生死攸关、血雨腥风的瞬间存在，认识到在一个瞬间，一位醉心权术的独裁者、一位嗜血如命的上校，或是关于雷达的一次简单误判，都可使人类不可逆地走向自我毁灭。这样的觉醒，还有人未曾有过吗？但愿觉醒的瞬间，只是一场噩梦。

对权力的掌控

除非我们控制好由知识延伸出的两项新权力，否则，人类很难继续生存。显然，在肉体自我毁灭中，人类很难幸存。如果我们在懦弱的驱使下，放弃人格，试图通过牺牲精神世界来逃避肉体毁灭，那么，我们至多能多活很短的一段时间而已。

我们不能压抑新知识的产生。我们是新知识的所有者。如今，所有国家均须进一步拓展新知识，无论新知识是多么令人恐惧及抗拒。

对于"危险的"新发现，统治者的第一反应，通常是压制人们对新知识的探索。但这样做从未奏效。

我们甚至不能像之前那样，试着将知识限定在拥有"重生"僧侣姓氏，精神分析学洗礼，并通过安全检查的一小群人中。相反，我们需要越来越多的人去获取这些知识，去接受高等教育，越来越多的人有能力去设计、构想会导致彻底的肉体或精神毁灭的方法。

我们必须坦然接受这些新知识确实存在的事实。我们必须做这些知识的主宰者。

上述问题的解决方案必须以政治为起点。新知识赋予政府的权力，远超《独立宣言》中"政府将人们组织起来"的表述。无论如何我们都不会想到，政府能够拥有毁灭人类的合法权力，拥有打击人性的合法权力。而在今天，所有政府均获得了这两项权力。

因此，通往生存的第一步，是通过剥夺这两项权力，使政府再次成为合法机构。各国之间可达成国际协议，认定这两项权力均为不可容忍的权力滥用，禁止政府使用。

显然，控制能摧毁肉体的力量，比控制能摧毁精神世界、人格的力量要容易得多。前者主要针对外星人开发，却在实践中用于敌对军队、中立人士或自己的国民。而后者主要针对本国居民，因此，禁止政府使用相关权力，有"干涉主权国家内政"之嫌。此外，远程监督一个国家的核武器已十分困难，远程监督一个国家是否禁锢国民思想，基本不可能实现。然而，这两种力量都反人类，都对人类生存构成威胁。因此，这两类权力政府都不得使用。如果这与"主权"发生冲突，那么"主权"的概念已与人类生存不兼容，需要被限制。

对权力的控制与限制，无法通过单边解除武装实现，也无法通过控制这个或那个超级大国实现。过去 50 年的经验告诉我们，控制或压制恐怖行为的尝试很难成功。

但是，建立世界政府也不可行。这只会导致专制君主的产生。任何政府拥有毁灭性的权力都是不可接受的、违法的，无论这政府是世界的，还是国家的。

因此，我们需要法律来确保政府不使用毁灭性权力。相关法律必须以强大政治体的承诺为基础，需要多个大国的参与。参与各国需足够强大，并拥有相关政策；足够团结，能自主制定决策；足够重要，在国际上具有话语权。此外，在国际层面，还需要禁止政府使用毁灭性权力的国际机构参与。这些机构必须能行使检查权，以获取相关事实；必须拥有超越主权的权力，来处理公民对政府的指控、政府之间的指控，并在政府滥用毁灭性权力时，对其加以法律制裁。

当然，要做到这些会很艰难。在最初阶段，只有西方国家处理好新领域中的诸多问题，才能为接下来的工作开展提供可能。在现阶段，各国人民和政府应以上述规划为目标，并肩负起相应责任。人类终将生存下去，像广播剧中的主角一样，跨过一个又一个危机。然而，如果我们没有明确目标，危机就会越猛烈。目前的首要目标，就是确保政府不滥用任何毁灭性权力，不能有任何例外。

然而，政治行为具有时滞性。尽管精神层面的浪潮难以掌控，但我们仍应做出努力。科学知识已打入人类生存的核心层面，由此产生的问题并不具政治性，而是精神性的、形而上的。它提出的问题是：知识与权力的内涵是什么？知识与权力是人类这一物种的特有属性，因此，上述问题的实质是，人类精神与人类存在的意义是什么？这两个问题与人类历史一样久远，而毁灭性新知识的出现，为其增添了新的深度与紧迫感。

上述问题都是形而上的。因此，"我们所需要的"，又绕回到了"向精神价值回归，向宗教回归。"

当今，西方世界出现了宗教复兴。这并非随着极权暴政、原子弹爆炸而出现，而是比那早了一辈人，甚至可追溯到世纪之交法国的查尔斯·佩吉（Charles Péguy）。通过统计教堂礼拜者的人数来衡量宗教复兴程度，与天堂中记录天使的工作无关。在现代世界出现后的300年间，人们努力与宗教背离，如今这一趋势已被扭转，至少当前的情况是这样。当100年后的历史学家记录我们从危机中幸存时，会将宗教复兴列为20世纪最重要的事件，将宗教复兴看作现代世界从危机中走出的转折点。

社会需要向精神价值回归。这并非为了削弱物质的势力，而是为使其更具生产力。尽管物质极大丰富对全人类来说还远未实现，但物质充足、物质高效运转的愿景已在眼前。在当今经济发展的背景下，人类终于可以打破物欲的束缚，使天界的财神不再主宰人类的命运，而是为人类服务。那么，我们该如何利用物质呢？在世界上大多数人仍挣扎于贫困线以下的现实下，经济学家不应探讨经济充足这一话题。经济学家的研究以事实为基础，而经济充足尚未实现。不过，哲学与形而上学讨论愿景中的世界，因此，从哲学、形而上学的角度探讨就没有问题了。

人类需要向精神价值回归，需要怜悯之心。人们要达到人我合一的境界，这是高级宗教普遍宣扬的道理。在恐怖、迫害、大屠杀横行的时代，为了生存，人们须生出铁石心肠，用硬壳将自己包裹，否则将陷入绝望，寸步难行。我们就生活在这样一个时代。然而，精神麻木对人的心智也有很大损害。它煽动甚至包容酷刑与迫害。我们已经认识到，19世纪的人道主义精神无法阻止人类变成野兽，只有怜悯之心可以。怜悯之心化成无声的语言，告诉我们即便面对上帝最不合格的子民，也要承担相应的责任。这是源自精神的知识。

个人需要向精神价值回归。只有个人深刻认识到自己不仅是生物学、心理学意义上的存在，更是精神存在；认识到神造万民自有目的，个人应臣服于造物者，个人才能从当前的局势中生存下去；才能从极权暴政中生存下去；才能明白尽管人类面临瞬间毁灭的威胁，但这并没有否定个体存在的意义与责任。当一个人在其生理、心理、社会存在之外，还拥有完整的精神世界，那么这个人永远都不会被极权主义"知识"所控制。一个人能够拥有健全的精神世界，这一事实便证明了极权者的知识是虚假的、无用的。

知识与人类存在

然而，事情并不像"回归宗教"运动看起来那样简单。我们所面对的危机并不单纯是个体道德危机，还是形而上学概念的危机。像过去一样，只要相信在主里面而死的人是有福的，就能体面地死去。但是，无论精神体验多么深刻，单凭精神的力量，仍无法给出控制决定性知识与决定性权力的方案。

西方世界的崛起源自对知识的推崇。在古希腊人看来，正确的知识带来正确的行为。这个论断中隐藏着两层意思：一是人有学习的能力；二是知识是有用的。这两层意思构成了西方形而上学的基础。1500 年后，西方伟人波拿文都拉（St. Bonaventura）重申了这一立场，认为所有的知识都来自造物者，都传达了造物者的真理与事实。如今，这些论断已成为现代科学的许可证。现代科学家宣称知识具有内在价值，不涉及其他价值体系。他们只不过是换了一种表达方式而已，他们仍在复述波拿文都拉 700 年前的话语。

显然，这些论述已与当今现实不符。波拿文都拉与他之后的所有知识哲学家，只关心知识所面临的威胁，而这并非我们在今天须解决的问题。我们早已认识到，通过压制知识来解决知识带来的问题并不可取。我们面对的是知识带来的威胁。在两代人或三代人之前，知识仍属私人事务范畴；人们学习科学，就是单纯地为了获取知识。而如今，人们学习科学，更多的是为了获取权力。无论我们承认与否，这就是现实。但是，我们所设定的知识的概念，却没有顺应这一新现实做出更新。

决定性知识催生出决定性权力。在这一新形势面前，我们所做的调整就更少了。

总的来说，在人类世界所有的基本要素中，权力是被研究最少、最不为人所知的。政治系的学生想当然地运用权力的概念；哲学家与艺术家大都不在乎它；神学家与道德家怀疑它；政客只关心权力机构而从不过问权力的本质，其他人只是确保权力被放置在正确的位置。那么，权力究竟是什么？权力究竟应归属何处？权力是人们生活的一部分，是构成人类存在的必需。传统的对待权力的方式，是纯负面的，试图将权力挡在人们的核心关注点之外。然而，即便权力是非理性的蛮力，这样处理也是不妥的，更何况权力的内涵要丰富得多。

如今，权力的基础是知识。关于权力的核心议题是它拥有成为决定性、全盘性力量的潜力。我们需要在形而上的高度，寻求积极正面的方式对待权力，认可权力是人类社会中的必需品，为权力界定合适的功能与正确的目的。如果我们不明确权力的目的，我们便无法划定权力的界限。如果我们不列清权力的用途，我们便无法制止权力的滥用。正是由于决定性权力已显著越界，是不可容忍的权力滥用，我们更需要明确权力的边界与合法用途。

对于人类存在与人类社会，权力已不再位于外缘位置，而是被推入舞台中心。如果我们无法让权力为人类与社会的福祉服务，那么总有一天，权力将毁灭人类，毁灭社会。

在传统意义中，知识与权力并不具备外部性；而如今，知识与权力必须为人类福祉服务。在知识的真谛与权力的荣耀之外，知识与权力必须被赋予使命，在使命的指引下，确保做到自我控制、自我指引、自我限制，并承担相应责任。明日的新世界与昨天的现代世界之间存在巨大裂痕。正是在此阶段，我们要变革既有的责任观，并以此作为行动的基石。对于知识与权力，现代世界中的人视其为权利。我们要极力摒弃这一观点，将责任作为自由的原则。

我们必须抛弃"知识即真理""权力皆腐败"的观点，并且接受"知识即权力，权力即责任"的新设定。

自伊甸园起，知识与权力就是人类所面临的问题。如今，它们已成为关乎人类生存的核心力量。新世界的人们如何解决知识与权力所带来的问题，将决定新世界的特点与意义。如果相关问题未得到妥善解决，新世界不仅将成为暗无天日的世界，也将会是人类最后一个纪元。这是征服宇宙都无法改变的。而如果知识与权力的问题被成功化解，新世界将带来人类历史上最伟大的时代。

生活在交错更替的时代

至此，关于后现代世界的报告已经完成。这份报告时而以乐观、热忱为基调，时而散发着阴郁、绝望的气息。后现代世界是一个过渡的时代、交错的时代，充满激动人心的挑战与机遇，也布满了令人胆战的恐怖与危险；它将未知世界的魅力与恐惧不可分割地糅合在了一起，未竟的新事业不断发出挑战，旧有的错误正在接受宣判。

我总是在强调问题、疑问、任务，而没有给出解决方法、答案、成就。这恰好反映了这一时代过渡与交错的特征。将一个时代联合起来，赋予其特点、勇气、自信的因素，并非其面临的问题的答案，而是相关各方对问题与任务有一个统一的观点，并认可这些问题与我们这一代人紧密相关。成就是供老年人在炉边回味的，未完成的工作、未跨越的障碍才是摆在年轻人面前的重要挑战。

目前，我们正处在变革的风口浪尖。大多数人仍想当然地觉得自己仍处于过去的时代。然而，有一点可以肯定：过去正在迅速逝去。如果有什么可以准确预期，那就是改变。未来几年，我们的视野、我们努力的方向、我们应对的任务及它们的优先级、我们衡量成功与失败的标准都将出现飞速变革。这本书的核心观点就是这些新动向可以被察觉，写这本书的目的就是勾勒出新动向的轮廓。

这样一个时代，不会让人觉得舒适、安全、慵懒，历史的浪潮不受控制地将个体吞没。这是一个痛苦、危险、苦难的时代，一个丑陋、充满仇恨、残忍、野蛮的时代，一个充满战争、大屠杀、剥削，对上帝及人类的法条毫无敬意的时代。在这个时代，没有人能够理所当然地存活于世上，能够安心拥有珍视的财富；那些显而易见的价值观及原则，随时可能被否定。我们这代人中，凡是躲过了各种动乱，没有经历过战争、集中营、警察暴力的幸运儿，不仅应心存谢意，还应满怀慈悲。

然而，对于每个人、每位公民，这也是一个开辟新视野、孕育新伟业的时代，一个充满机遇与挑战的时代。在这个时代，每个人都是预备演员，随时可能成为人类历史这部大剧的主角。每个人都必须做好准备，在毫无征兆的情况下独自接管，向众人展示自己是圣人、英雄，还是恶人、懦夫。在这个舞台上，伟大的角色并非由韵脚平整的剧本塑造。主角的剧情毫无诗意，主角光环通过日常生活、工作、公民活动体现，通过他满怀同情心或铁石心肠、具有勇气坚持少数观点体现，通过在这个残酷、道德麻木的时代，他拒绝将人变成行尸走肉体现。

在这个充满改变与挑战，充满新视野、新危险、新领域与永恒危机，充满苦难与成就的时代，在当下这个交错更替的时代，个体无所不能，又百无一能。如果他认为自己能强加自己的意志，能左右历史的进程，无论他的地位有多高，他都极其渺小；如果他知道应对自己的行为负责，无论他的地位多卑微，他都无所不能。

译者后记

在研究已然成为一个职业,需要诸多学者分工协作的时代,多数研究者都在清晰界定的边界内部,对自己感兴趣的细小问题条分缕析。但彼得·德鲁克却偏爱宏大主题,甚至走出管理领域,目光所到、观念所及,均被其纳入分析领地。他的这一异于常人的研究风格,在本书中达到了极致。故而虽为管理学科的早期开创者,在管理学者中,德鲁克却实属另类。而在其诸多著作中,本书同样亦属异类。

本书英文版第1版印行于1957年,谈的是当时的世界正发生的巨大变化。但对于当前正经历的一切,我们依然能够在本书中找到透彻的解释。因为虽然过去了60年,这些变化依然处在进行之中。洞万机于未形,见天地于虚空,传百载而不减其重,或许这就是伟大思想的共通之处吧。

本书各章主题跳跃性极大,但细读之下,又会觉得唯其如此方能真正把问题讲透。工业化以来的经济增长实由技术推动，而技术又本于科学。科学在发展的过程中，总会经历研究主题、研究方法的更替，托马斯·库恩将其命名为范式转换。在特定阶段，这种统一的范式转换可能存于各个学科当中。而本书开篇所讲的价值观转变，便是至今仍在延续的波及所有学科的范式转换。

科学化身于经济现实，即为技术。科学加深我们对世界的认识，但真正让我们改变世界的却是技术。借助基于技术的创新，即便没有历史决定论视角下虚幻的必然进步，我们也能不断地改变这个世界。而如今的创新，不再依赖于天才的灵光一闪，而是有组织的系统化努力。不仅限于单纯的技术创新，也同样以社会创新的形式在宏观和微观社会制度上展开。创新存在风险，故而应该采取分散决策，而非任何形式的计划组织。

技术进步换来了工业化和城市化，也让原本独自工作的人们托身于大型组织。在组织中贡献技能消耗青春，获得成长实现梦想，或待青春将尽之际坦然接受此生平庸的无奈现实。这类以企业为主的新型组织自有其运行规则，绝非简单的集体主义和个人主义两分法所能涵盖。

借助科学进步和创新，组织得以发展并重塑人类社会。人力资本将成为最重要的生产要素，而培育人力资本的教育体系该如何安排？由此促进的经济发展，是否会让人类彻底脱离贫困？在这一变局当中，政府的地位和作用将如何变化？东西方世界又各有什么变化？

作者在逐次分析上述主题时，隐隐透出对人类未来及置于其下的个体命运的极大关切。或许，正是出于这种知识分子的良知，他才会对即将到来的未来世界的种种缺陷发声示警。而他所提出的问题，多数至今仍陷未解之局，形如梦想被组织淹没的个人，以及学到了知识却未实现丝毫精神成长的学生。

  我们二人在翻译此书之前，都非翻译界白丁。但随着翻译工作的展开，方知堪称原作优点的精练词句和广博主题，在翻译时都会化身为拦路虎。期间困苦实前所未见，每每欲放弃但终究硬挺下来，感谢本书编辑对我们一再拖延的忍耐。虽然我们已力求尽力，但译文必有不尽如人意之处，还望读者海涵。

  本书序言及第1～3章由汪建雄翻译，第4～10章由任永坤翻译。其中，汪建雄就职于北京第二外国语学院经贸与会计学院金融系，任永坤就职于中国人民银行山东分行临淄中心支行。另外，邹俊、汪国雄、方献、方芳、党印、汪嫒、钟金花、王桂忠、李晶、曹莉莉、胡滨、傅苏颖、柯如燕、李阳、乐心言等同志也参与了本书译稿的审校和修订工作。

汪建雄 任永坤